KB017422

마음이
흔들려서,

마흔인 걸
알았다

마음이   마흔인 걸
흔들려서,   알았다

김선호
지음

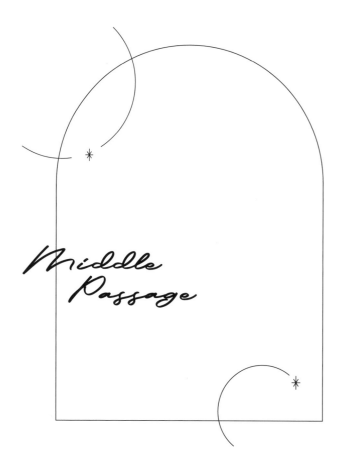

Middle
Passage

인생 항로를 잃어버린
엄마들을 위한 단단한 마음 철학

서 사 원

이름조차 희미해진
모든 엄마들을 위하여

지독한 외로움이 시작되었습니다

아침에 일으키는 몸은 더 무거워지고, 삶은 더 치열해집니다. 해야 할 일의 목록은 쌓여만 가고, 나를 돌볼 시간에는 맥주캔만 비워냅니다. 소파에 쓰러져 깜박 잠이 듭니다. 잠든 것도, 깬 것도 아닌 깊은 새벽, 조각난 꿈을 꿉니다. 거미 한 마리가 등에 붙어 스멀스멀 올라옵니다. 손을 뒤로 뻗어 떼어내려 하지만 닿지 않습니다. 바둥대다 일어난 새벽녘, 갑자기 차오르는 감정이 목구멍까지 치밀어오릅니다. 푸른 빛이 차갑게 스며든 집 안 어디에도 마음 편히 울 곳은 없습니다. 서러움에 몸이 떨립니다. 반려자의 따뜻한 품속도, 아이의 사랑스러운 머릿결도 위로가 되지 않습니다. 결국 지하 주차장 구석, 자동차 문을 잠근 채 라디오를 크게 켜고 엉엉 울었습니다. 뜻 모를 설움이 경쾌한 음악 사이를 비집고 들어가 슬픔의 웅덩이를 깊게 파놓습니다.

"마흔이 되었네."

마흔 즈음 눌러놓은 감정이 올라옵니다. 무의식을 잠가놓은 자물쇠가 달그락거리고, 녹슨 상자가 열리면 지친 내면의 자아가 고개를 듭니다. 자녀는 사춘기 문을 열고, 반려자는 자기만의 동굴로 들어갈 채비를 합니다. 각자 다른 곳을 바라봅니다.

타인의 공감과 위로마저 공허하게 다가올 때, 최선의 방법은 숨을 고르며 가만히 있는 겁니다. 뭔가 하려고 하지도 말고, 그저 가만히 자신을 응시해보세요. 형편없어 보이는 자신을 마주 볼 용기가 필요합니다. 고통스럽지만 이 소중한 시기를 가볍게 넘기지 않기를 바랍니다. 이제 홀로서기를 시작할 때입니다. 조금 아프지만, 당신에게 꼭 필요했던 바로 그 시간입니다.

마음이 흔들리는 시간, 마흔.
나의 이름을 지어낼 시간, 마흔.

지금부터 문을 열고 걸어 들어갑니다.

다락방에서,
너른 들판 '호야浩野' 김선호

목 차

Chapter 1.
인지하기

마흔, 예고 없이 찾아오는 감정들

Chapter 2.
내면
살피기

인생의 항로를 찾아야 할 시기

Chapter 3.

직면하기 | **마흔, 다시 홀로서기**

Chapter 4.

**마흔
공감 토크** | **엄마들을 위한 긴급 솔루션**

Chapter 1. 인지하기

마흔, 예고 없이 찾아오는 감정들

✳

엄마로 살아온 게
당신 잘못은 아닙니다

°몸이 아픕니다

카톡이 잘못 왔습니다

마흔 넘어 이곳저곳 아픈 엄마들이 많습니다. 병원에 가면 특별한 이상은 없다고 합니다. 그냥 '신경성'이라는 말이 전부입니다. 며칠 아프다가 또 괜찮아집니다. 그런 증상이 왔다 갔다 반복되는 동안 주변 상황은 엄마를 쉴 없이 몰아붙입니다. 코로나로 아이 맡길 데가 없어 발을 동동 구르는데, 친정어머니도 힘든 기색이 역력합니다. 개구쟁이였지만 순하고 착했던 아이가 어느 날 학교 폭력 사건에 거론됩니다. 아이들끼리라도 친하게 지내게 하려고, 간신히 엄마들 모임에 나갔지만 나만 빼고 모두 '언니, 동생' 합니다. 어렵사리 번 돈으로 아이를 학원에 보내지만, 아이의 레벨 테스트 평가 결과가 형편없이 나와서 괜히 눈치가 보입니다. 그래도 여기까지는 괜찮습니다. 그럭저럭 내 몫이라 생각하고 버텨봅니다. 그러다 이 모든 게 별일 아니라는 듯 무심한 모습을 보이는 남편 앞에서 설움이 몰려옵니다.

어느 날 우리 반 아이의 어머니가 갑자기 카톡을 보내셨습니다. 초등학교 3학년 이상의 담임교사를 오래 하다 보면 가끔 잘못 보낸 카톡을 받습니다. 한번은 뭔가 긴 내용이 적힌 카톡 알림이 와서 중요한 일인가 싶어 열어봤습니다. 읽다 보니 아이 아빠에게 보내는 내용을 제게 잘못 보냈다는 걸 알게 됐습니다. 이런저런 이유로 힘들고 화난다는 내용이었습니다. 읽어 내려가는 것을 멈추고 정중히 답변을 보냈습니다.

'잘못 보내신 것 같습니다. 읽던 것을 멈추고 내용을 삭제했습니다.'

사실 카톡을 잘못 보낸 것이 아닙니다. 자신의 상황을 알아줄 것 같은 누군가에게 소식을 전달하도록 무의식이 이끈 것이죠. 제가 해드릴 수 있는 것은 없습니다. 그저 아이들의 담임교사일 뿐이니까요. 제가 할 수 있는 건 읽던 내용을 멈추고 내용을 삭제하는 겁니다. 그러는 게 아이들에게 좋습니다. 제가 담임교사라는 이름으로만 존재할 때 아이들은 가장 건강한 모습으로 교실에 있을 수 있습니다. 이제라도 위로를 전해드립니다.

"많이 힘드셨지요."

더 심해지지 않도록

누구에게나 쉼이 필요합니다. 쉼이라고 해서 대단한 것은 없습니다. 그저 편안하게 숨을 내쉴 수 있는 상태면 됩니다. 편안하게 숨 쉴 수 있다는 게 얼마나 감사한 일인지 모릅니다. 바쁜 시간을 쪼개 여행을 가고, 정신없이 사람들을 만나 술 마시고 수다 떠는 일은 쉬는 게 아닙니다. 그냥 잠시 잊으려고 몸부림치는 것이지요.

제대로 쉬는 방법도 모른 채 일과 생활에 시달리다 보면 심리적으로 감당하기 어려운 순간이 찾아옵니다. 뭘 해도 답답함이 해소되지 않고 심해지면 숨 쉬는 것조차 힘들어집니다. 흔히 말하는 공황장애가 찾아오는 것이지요. 최근 5~10년 사이 공황장애로 병원을 찾아가는 사람이 많아졌다고 합니다. 건강보험심사평가원의 자료(2019년)에 따르면 공황장애로 병원을 찾는 성인 중 40대가 24%로 가장 많다고 합니다. 또한 남성보다 여성에게서 두 배 정도 더 많이 발생한다고 합니다.

우울하면 우울하다고 말해도 됩니다. 가슴이 답답하면 답답하다고 말해도 됩니다. 증상이 버겁다고 느껴지면 망설이지 말고 전문가를 찾아가길 바랍니다. 적극적으로 진단을 받고 처방을 받아서 약을 드셔도 됩니다.

'신경성'이라는 손쉬운 처방 앞에서 혼자 아파하지 않길 바랍니다. 신경성이라는 진단은 문제의 원인을 당사자에게 돌리는 것과 다를 바 없습니다. 당신이 신경 써서 생긴 것이니까 당신이 알아서 잘 조절하면 괜찮다고. 그런 무감한 말들에 자신을 내버려두지 않길 바랍니다. 하나만 생각하면 됩니다.

'나는 지금 마음과 몸이 아프다.'

한이 생기지 않도록

"한스럽다."
"한이 맺혔다."
"한이 서린다."

한국어에는 '한'이라는 단어가 있습니다. 한을 뭐라고 해석하는지 번역기로 찾아봤습니다. 'Deep Sorrow', 깊은 슬픔.

틀린 말은 아니지요. 그런데 뭔가 부족합니다. '한이 맺혔다' 라는 의미에는 슬픔만 담겨 있지 않습니다. '분노'도 들어 있 습니다. '억울함'도 들어 있습니다. 분하고 억울하면서도, 못 해줘 미안하면서도, 슬픔과 원망이 가득 찬 모든 것들이 다 들어 있습니다. 왜 그토록 많은 것을 담아내는 단어가 있는 걸까요?

'한'이라는 표현이 주로 여성의 정서와 연관되어 쓰인다 는 점에 주목해야 합니다. 언어에는 그것을 사용하는 사람 들의 심리와 문화가 반영되어 있습니다. 딸이라서, 며느리 라서, 엄마라서, 아내라서, 워킹맘이라서 요구되었던 속박 과 굴레가 '한'이라는 표현을 낳은 것인지도 모릅니다. 상처 보다 더한 한을 끌어안고 살아가는 여성들의 고통을 '신경 성'이라고 치부하는 기막힌 사회가 이들을 더욱 병들게 합 니다.

한의 정서, 한스러움을 한국문화의 특성이자 정서인 양 일컫던 무지한 과거도 청산해야 합니다. '한스럽다'라는 단 어를 사전에서나 볼 수 있는 시대가 하루빨리 왔으면 합니 다. 그 출발은 문제의식에서 비롯됩니다. 그간 '한'이라는 이 름으로 여성들을 가두지는 않았는지, 여성이라면 마땅히 그래야 한다는 사회적 규범으로 여성들을 옭아매지 않았는지 의심해보는 태도가 필요합니다. 그러기 위해서는 가정과 사회가 함께 변화해야 합니다. 부디 그 변화의 몫이 여성에게만 주어지지 않기를 바랍니다.

'신경성'이라는 무감한 진단에
자신을 내버려두지 않길 바랍니다.

마흔 되도록 해놓은 게 없어요

보상 심리

자녀가 초등학교 3학년 즈음이 되면 엄마의 체력도 이전
만 못 합니다. 이곳저곳 이유 없이 아프기도 합니다. 덩달아
우울감도 자주 찾아옵니다. 설상가상 아이는 엄마가 시키는
일에 들은 척도 않습니다. 방문을 열어보면 스마트폰만 서
너 시간째 하고 있습니다. 혼을 내봐도 짜증만 냅니다. 엄마
는 모든 의지력을 소진한 상태입니다.

마지막까지 남는 건 '그래도 내가 엄마인데'라는 마음입
니다. 그래도 내가 '아내인데'라는 생각입니다. 아이를 위해
또 남편을 위해 무언가를 더 하려고 노력합니다. 하지만 그
렇게 노력해봤자 돌아오는 건 시큰둥한 반응뿐입니다.

'보상 심리'라는 용어가 있습니다. 누구에게나 있는 심리
이지요. 아이를 위해 맛있는 음식을 해주면 '맛있다', '고맙
다'라는 말을 듣고 싶어 합니다. 아내로서 살림살이를 열심
히 꾸려나가면 남편으로부터 '인정'받고 싶은 욕구를 느낍니
다. 그런데 마흔 즈음이 되면 이런 보상을 언제 받았는지 기
억나지 않습니다. 제대로 충족되지 못한 보상 욕구는 엉뚱
한 곳에서 예기치 못하게 튀어나옵니다. 폭식하거나, 밤새

게임에 빠지거나, 금지된 관계를 꿈꾸거나, 심지어 아이에
게 폭언이나 폭력을 행사하게 됩니다. 보상 심리가 일종의
'복수' 형태로 나타나게 되지요. 아이러니하게도 가까운 관
계에서 보복성 행동을 반복하다 보면 오히려 '자기감'이 낮
아지게 됩니다. 게다가 자신이 생각한 '나'와 현실 속 '나' 사
이의 격차가 벌어집니다. 이 간극으로부터 오는 '공허함'이
극대화되면 '보상 상실decompensation'로 이어집니다.

보상 상실

미국의 정신분석가 제임스 홀리스James Hollis는 그의 저서
《내가 누군지도 모른 채 마흔이 되었다》에서 '보상 상실'에
대해 이렇게 말한 바 있습니다. "내면의 자기감과 후천적으
로 획득한 성격 사이의 불균형이 너무 커진 탓에 더는 고통
을 억누르거나 보상으로 달랠 수 없게 된다." 주변 사람들로
부터 채워지지 않은 보상 심리가 보복적인 형태로 나타나는
것도 위험하지만, 보상받지 못한다는 '상실감'은 훨씬 더 위
험합니다. 보상 심리가 작동할 때는 여전히 욕망이 남아 있
는 상태입니다. 적어도 그 욕망을 추구하는 '자아'가 있다는

뜻이지요.

　반면 보상 상실은 다릅니다. 이미 지나가버린 20~30대의 꿈, 젊음, 기대감, 성취 등에 갖는 상실감은 체념에 가깝습니다. 스스로 선택한 상실이라면 '무소유' 같은 정신적 승화로 볼 수 있지만, 지난 것에 대한 보상 상실은 자포자기에 가까운 '자아 상실'이라고 할 수 있습니다. 엄마로서, 아내로서, 딸로서, 직장인으로서 노력했던 일이 모두 물거품이 돼버리고 어떤 것으로부터도 보상받을 길이 없다는 상실감. 이러한 위기를 어떻게 받아들여야 할까요. 심리학자들은 이런 상태가 매우 고통스럽고 힘들지만, 한동안 미뤄뒀던 자아를 찾고 삶의 전환점이 되는 기회라고 합니다.

해놓은 게 없어도 됩니다

　결혼하고 많은 일을 겪었습니다. 아이들도 제법 컸습니다. 그런데 문득 내가 '나'로서 생각하고 그렸던 '나의 40대'의 모습 중 어느 것 하나 이뤄놓은 게 없다는 걸 발견합니다. 매사 소홀함 없이 애면글면 살아왔지만, 어떤 것도 보상으로서 내 성에 차지 않습니다(보상 심리). 심지어 이제는 그 무

엇으로도 지나간 시간을 대신 채워줄 수 없다는 것을 깨닫
게 됩니다(보상 상실). 이제 무얼 어떻게 해야 할까요?

　많은 시간 관리 전문가가 시간 관리에 관해 다음과 같이
설명합니다. 커다란 투명 플라스틱통을 주고 그 속에 바둑
알만 한 작은 구슬을 가득 채워 넣게 합니다. 똑같은 크기의
다른 플라스틱통에는 작은 구슬을 채워 넣고 중간중간에 커
다란 공을 넣어서 작은 구슬을 전부 채워 넣을 수 없게 합니
다. 큰 공이 작은 구슬이 들어갈 자리를 차지해 더는 구슬을
넣을 수 없을 테니까요. 그런 다음 두 플라스틱통을 보여주
며 묻습니다. "시간의 관점에서 이 둘의 차이는 무엇일까
요?" 많은 사람이 두 플라스틱통을 보면서 이렇게 생각한다
고 합니다. 작은 구슬을 빽빽이 채워 넣은 사람은 계획적이
고 효율적으로 시간 관리를 잘한 사람이라고 말이죠. 그런
데 시간 관리 전문가들의 생각은 다릅니다.

　"작은 구슬은 일상에서 여러분이 해야 했던 무수히 많은
일입니다. 큰 공은 여러분이 꿈꾸었던 소망, 즉 하고 싶었던
일입니다. 여러분에게 주어진 시간은 플라스틱통입니다. 작
은 구슬로 플라스틱통을 채우면, 나중에 큰 공을 넣을 수 없

습니다. 실제 통이라면 뒤집어 작은 구슬을 꺼내고 다시 큰
공을 채우면 되지만, 큰 공을 채우기 위해 시간을 되돌릴 수
는 없지요."

자, 이제 깨달으셨나요? 나의 플라스틱통은 무수히 많은
작은 구슬로 채워져 있습니다. 정말 성실히 잘 채워놓았지
요. 그런데 작은 구슬은 나의 진정한 욕망이 아닙니다. 타인
의 욕망을 채우기 위한 노력과 결실이지요. 그래도 다행입
니다. 우리의 플라스틱통은 아직 절반만 작은 구슬로 채워
져 있습니다. 아직도 채울 수 있는 빈 곳이 남았습니다. 이제
작은 구슬들을 채우면 내 커다란 공을 그 자리에 넣을 수 없
다는 사실을 깨달아야 합니다. 이제 '내 공'이 어디에 있는지
부터 찾길 바랍니다. 작은 구슬들을 채워 넣으면서 '내 커다
란 공'을 함께 넣으면 됩니다. 40년 후에도 지금과 같은 보상
상실을 또 겪을 수는 없으니까요.

타인으로부터의 기대

우리가 각자가 가진 시간이라는 플라스틱통에 작은 구슬을 가득 채울 수밖에 없었던 이유는 '타인으로부터의 기대'에 머물러 있었기 때문입니다. 타인의 기대감을 채울수록 '나의 큰 공'을 채울 자리가 없어집니다.

타인이 바라보는 '이상적인 사람'이 되고 싶어 애썼던 행동을 적어봅시다.

예시)

> 맛있는 음식을 해주는 엄마, 살림을 알뜰히 잘하는 아내, 시어머니에게 잘하는 며느리, 능력을 인정받는 직장인, 각종 교육 정보를 꿰뚫고 있는 엄마, 커리어에 대한 욕심보다는 가족과 아이를 우선시하는 엄마, 집안일에 소홀하지 않은 엄마(아내, 딸) 등등.

위에서 정리한 내용을 다음 표의 왼쪽 칸에 적어보세요. 오른쪽 칸에는 스스로 할 수 있는 적당한 한계선을 그어 다시 다시 적어봅시다.

예시)

타인이 바라보는 이상적인 시선	적당한 한계선을 그은 나의 시선
맛있는 음식을 해주는 엄마	맛없어도 된다. 맛없으면 먹지 마라. 때로는 배달 음식도 괜찮다.
살림을 알뜰히 잘하는 아내	집안일은 엄마만의 몫이 아니라, 모든 가족 구성원이 함께 해야 하는 일이다. 가족 모두에게 할 일을 나누고 스스로 자신의 몫을 한다.
시어머니에게 잘하는 며느리	시어머니는 나의 엄마가 아니다. 내 남편의 엄마다. 시아버지의 아내다.
능력을 인정받는 직장인	직장에서 내게 돈을 주는 만큼만 일한다.
학원 등 각종 교육 정보를 꿰뚫고 있는 엄마	모든 정보를 내가 다 알 수는 없다. 학원비 중 절반 이상은 나를 위해 투자한다.
직업을 포기한 채 아이 육아에 전념하는 엄마	일과 육아를 병행하는 방법을 가족 구성원과 함께 적극적으로 찾는다.

더는 타인이 만들어놓은 이상적인 '자아상'에 머물러 있

지 않겠다는 결심이 필요합니다. 그러한 자각을 할 수 있는
시간이 바로 마흔 즈음입니다. 정말 소중한 시간입니다. 이
제 타인의 시선에 자신을 끼워 맞추지 말고 내가 그린 '엄마,
아내, 며느리, 직장인'의 모습으로 당당히 들어가보길 바랍
니다. 타인의 시선을 덜어낸 빈 시간에 '자아 욕구'라는 큰
공들을 하나씩 넣어봅시다. 누구나 할 수 있습니다. 그리해
도 됩니다.

　더는 보상 상실의 지옥에 머물러 계시지 않길 바랍니다.
한국에서는 웹툰과 드라마 제목으로도 잘 알려진, 프랑스
사상가 장 폴 사르트르의 말이 모든 걸 설명합니다.

　"타인은 지옥입니다."

타인의 기대감을 채울수록
'나의 큰 공'을 채울 자리가 없어집니다.

중간항로

여력이 없다

아이가 3, 4학년이 되면 학부모 상담 중에 이런 말을 유독 자주 듣게 됩니다.

"우리 아이가 변했어요."
"예전엔 안 그랬어요."

학부모는 아마도 아이가 곧 사춘기를 맞이하는 과정일 거라며 그 이유를 찾습니다. 그리고 어떻게 하면 우리 아이가 사춘기를 잘 보낼 수 있는지 물어봅니다. 제 답변은 이렇습니다.

"어머니가 건강하게 지내면 됩니다."

요즘 아이들의 사춘기가 빨라진 것이 사실입니다. 빠르면 4학년 정도부터 시작됩니다. 그런데 그건 어디까지나 아주 빠른 몇 명에 해당할 뿐입니다. 5학년 말이나 6학년 정도에 시작하는 아이가 더 많습니다. 아이가 3, 4학년이 돼 달라진

다는 의미는 그때쯤 엄마의 인내심과 의지력 그리고 체력이
지난 10년간 다 소모됐다는 뜻입니다. 엄마가 아이를 받아
들일 여력이 얼마 남지 않은 것이지요. 그래서 아이가 달라
져 보입니다.

　힘든 육아와 일을 병행하고, 어린이집과 유치원을 오가
고, 초등학교 입학과 주변 학원까지⋯ 여러 난관을 지금껏
잘 수행해왔습니다. 지칠 만합니다. 지치지 않는다면 오히
려 더 이상한 일입니다.

증상이 말해준다

　정신분석학자들은 '증상'을 매우 중요하게 다룹니다. 바
로 그러한 증상이 길잡이 노릇을 해주기 때문입니다. 증상
의 자국이 남긴 흔적은 충족되지 못한 욕구를 찾아가는 유
일한 항로를 알려줍니다. 그런 면에서 '증상'은 고마운 존재
입니다. 갑자기 아이가 달라져 보인다는 것도 하나의 '증상'
이며 좋은 '항로'를 찾는 시작일 수 있습니다.

　제임스 홀리스는 저서《내가 누군지도 모른 채 마흔이 되
었다》에서 마흔 즈음이 된 이들을 설명하며 '중간항로middle

passage'라는 표현을 씁니다. 그리고 이렇게 묻습니다. "지금까지 살아온 모습과 맡아온 역할들을 빼고 나면, 나는 대체 누구인가?"

인생의 중간항로에 대해 이야기할 때 일반적으로 내가 무엇을 이루었는지 먼저 살핍니다. 그리고 앞으로 어떤 방향으로 어떤 목표를 다시 세우고 나가야 하는지를 떠올립니다. 자신의 꿈과 목표를 재정립하는 과정을 중간항로라 생각할 수 있습니다. 하지만 심층심리학에서 말하는 중간항로는 조금 다릅니다. 내가 무엇을 이루었고 앞으로 무엇을 이루기 위해 어디로 가야 하는지 파악하려 할수록 중간항로의 조류에 휩싸이게 됩니다.

정신분석에서 말하는 중간항로는 나를 뒤덮고 있는 나의 무수한 이름들을 지워나가는 시간입니다. 수많은 이름을 사회가 만들어줬고, 부모가 만들어줬고, 아이가 만들어줬습니다. 그리고 내가 스스로 덧붙여 만들기도 했습니다. 자신에게 드리운 모든 이름을 지워나가는 일은 두려움을 몰고 옵니다. 이름을 하나씩 지워나갈 때마다 외로움이 덮쳐옵니다. 결국 또 다른 이름을 찾으려고 애쓰는 자신을 발견하게 됩니다.

고독할수록 잘하고 있다

외로움을 극복하려 애쓰기보다 외로움을 끌어안은 채 머물러 있길 권합니다. 외로움과 함께 머무르는 시간이 많아져야 온전한 나 자신과 마주할 수 있습니다. 다른 이름들에 얼룩지지 않은 '외로운 시간'을 힘껏 받아들일 때 외로움이 아닌 스스로 선택한 고독孤獨이 됩니다. 대중 강연자 이진숙은 《위대한 고독의 순간들》에서 고독에 대해 이렇게 표현합니다. "자유롭고 고독한 개인이 됐다는 것은 개인의 행동 양식이 더는 사회적 관행에 순응적으로 따르지 않음을 의미한다."

엄마는 마흔 즈음이 되도록 군중 속에서 사회적 관행을 순응적으로 따르며 살았습니다. 그래서 스스로에게 이런 말들을 덧붙입니다.

"엄마라면 ~ 해야지."

"직장맘이라면 ~ 정도는 해야지."

"큰딸인데 그러면 안 되지."

"아내라면 ~ 해야지."

"며느리인데⋯."

관행적 이름들 ― 엄마, 워킹맘, 큰딸, 아내 ― 속에서 잠시 멈추길 바랍니다. 고독함을 스스로 선택하길 바랍니다. 우리는 너무 오랫동안 고독함을 잊고 살았습니다. 고독 안에 조용히 침잠하여 사회적 관행을 요구하는 말을 잊기 위해 부단히 애쓰길 바랍니다. 그리고 아무도 해줄 수 없는, 다음 한마디를 자신에게 꼭 들려주길 바랍니다.

"나는 지금, 여기 있다."

늦잠을 잡니다

조선 시대나 지금이나

창의적 체험 활동의 일환으로 아이에게 가끔 한자를 가르칩니다. 평소 숙제는 아이가 부담을 느끼지 않을 만큼 적은 양의 한자를 몇 번씩 적어오는 정도로 내줍니다. 또 한자를 가르칠 때는 아주 쉬운 한시漢詩를 들려주거나 한자가 어떤 과정으로 만들어졌는지 형성 과정을 이야기식으로 전달합니다.

아이에게 들려줄 한시를 찾다가 (당시 여인들의 마음을 있는 그대로 보여주는) 재미있는 시를 발견했습니다. 조선 시대 '이옥'이라는 분이 쓴 한시입니다. 《정민 선생님이 들려주는 한시 이야기》에 나온 번역본으로 소개합니다.

三更起梳頭   한밤중에 일어나 머리를 빗고
五更候公姥   새벽에는 시부모님께 아침 인사를 올리죠.
誓狀歸家後   친정집에 돌아가기만 하면
不食眠日午   밥 안 먹고 대낮까지 잠만 잘래요.

'밥 안 먹고 대낮까지 잠만 잔다'는 표현에 저도 모르게

'웃픈' 현실이 떠올랐습니다. 찬찬히 살펴보겠습니다.

위 한시에서 '새벽'이라고 번역된 '오경五更'은 새벽 3시에서 5시 사이를 말합니다. 결코 쉽게 일어날 수 있는 시간이 아니지요. '한밤중'이라고 번역된 '삼경三更'은 밤 11시에서 1시 사이를 의미합니다. 정말 입이 딱 벌어지는 시간입니다. 새벽 1시에 일어나서 머리를 단장하고 새벽 4시쯤 문안 인사를 드리는 상황이 몇 년씩 반복된다면 밥도 안 먹고 대낮까지 잠만 잘 거라고 다짐하는 그 심정이 충분히 공감됩니다.

위 번역에서 '돌아가기만 하면'이라고 표현된 부분에는, 직역하자면 '(내가 맹세하건대)… 돌아가기만 하면'이라는 부분이 생략돼 있습니다. 문장 맨 앞에 '맹세할 서誓'자로 시작을 하지요. 오죽하면 맹세까지 할까요. 잠만 자겠다고 말이지요. 당시 아낙들의 생활이 얼마나 고된지 이 한 편의 시를 통해 구구절절 느껴집니다.

엄마가 달라졌어요

그런데 조선 시대도 아닌, 지금에도 이렇게 잠을 좀 실컷 자고 싶어 하는 엄마가 점점 더 많아지고 있습니다. 특히 자녀가 초등 저학년을 거쳐 중학년(3, 4학년)을 지날 무렵, 또는 고학년(5, 6학년)에 진입할 무렵 잠이 쏟아지는 엄마들이 있습니다. 평소 별문제 없이 지각 한 번 않던 아이가 갑자기 1교시 중간, 혹은 2교시 시작할 때 들어오기도 합니다. 그러면 저는 아이가 어디 아픈 건 아닌지 염려돼 물어봅니다.

"민철아, 무슨 일 있니? 어머니께 전화를 드려도 받지 않으시고… 걱정했다."
"엄마가 늦게 일어나서 저도 늦게 일어났어요."

머리에는 까치집을 지은 채 헐레벌떡 달려온 민철이를 한 번 쓰다듬어줍니다.

"어머니가 요즘 많이 피곤하신 모양이구나."
"요즘엔 맨날 그래요. 히히!"

엄마가 늦게 일어나서 자기도 늦잠을 잘 수 있어 좋았다는 듯 히죽거리는 아이를 보면서 마음이 더 무거웠습니다. 그 늦잠의 의미를 읽어주는 사람이 주변에 아무도 없기 때문입니다. 그나마 누군가 그걸 본다면 아이 등교도 못 챙길 정도로 정신없이 자고 있는 '게으른 엄마'로 보겠지요.

늘어난 볼펜 스프링처럼

이영미 작가는 《마녀 체력》에서 마흔 즈음 엄마들에게 이렇게 말합니다. "전업주부는 육아 스트레스가 최고조에 이르는 시점이다. 직장에서 잘나가는 워킹우먼이라 해도 지금의 일을 얼마나 더 계속할 수 있을지 점점 불확실해진다."

직장을 다니든 다니지 않든 이 시기 어머니는 심리적, 신체적 한계치를 넘어선 상태입니다. 제게는 모나미 볼펜 스프링이 죽 늘어난 것처럼 보입니다. 잠을 자고 또 자도 한번 늘어난 스프링 같은 몸은 제자리로 잘 돌아오지 않습니다. 계속 가만히 누워만 있으면서 아무것도 하고 싶지 않은 상태일 뿐이죠.

잠이 온다는 건, 깊은 잠이 몰려든다는 건, 꿈을 꾸라는 의미입니다. 무의식은 꿈속에서 자기 자신을 드러냅니다. 바꿔 말하면 이제 그만 외부로 향하던 시선을 돌려 '너 자신'을 돌보라는 강력한 신호입니다. 잠이 몰려들 때 나를 위로하

듯 이렇게 중얼거리면서 잠들길 바랍니다.

"기다려. 너를 보러 갈게."
"미안해. 너를 너무 혼자 오래 있게 해서."

나를 사랑하는 행동 중 첫 번째는 나에게 '쉼'을 선사하는 겁니다. 새벽 1시에 일어나 새벽 4시에 시부모 문안 인사를 올려야 한다던 조선 시대의 문화는 사실 형태만 다를 뿐 오늘날 여자들에게, 그것도 결혼한 여자들에게 여전히 유효합니다. 엄마가 아이를 돌봐야 하고, 학원을 알아봐야 하고, 교육 정보를 꿰뚫고 있어야 하고, 아르바이트를 해서라도 학원비를 벌어야 하는 시대로 바뀌었을 뿐입니다. 오히려 조선 시대가 조금 더 나아 보이기까지 합니다. 그때는 돈 벌어 오라는 말은 없었으니까요.

자꾸 잠에 빠지는 자신을 보며 두려워하지 않길 바랍니다. 마음껏 잠잘 수 없게 만든 환경이 잘못된 것입니다. 잠에 빠진 엄마 문제가 아닙니다. 지금의 40대 엄마에게 시어머니는 한 명이 아닙니다. 남편은 원래 시어머니 '품속 그 아들'이고, 아이는 '빨라진 사춘기 폭발 직전 시어머니'고, 직장 상사는 '라떼 시어머니'입니다. 심지어 직장 후배마저 '90년생 시어머니'입니다. 그들은 하나같이 엄마에게 잠들지 말라고 이야기합니다.

잠을 줄이라는 듯 무언가 더 노력해야 한다고 말하는 사람을 멀리하길 바랍니다. 지금 우리에게 필요한 건 노력이 아닙니다. 멈추는 겁니다. 졸음이 쏟아지면 아무 걱정하지 말고 꿈속에서라도 잠시 친정집에 다녀오길 바랍니다. 민철이는 며칠 더 지각해도 괜찮습니다.

자꾸 잠에 빠지는 자신을 보며 두려워하지 않길 바랍니다.
마음껏 잠잘 수 없게 만든 환경이 잘못된 것입니다.

이혼은 당신 잘못이 아닙니다

이혼했습니다

"자녀분 때문에 걱정되는 거라도⋯."

멀리 김해로 학부모 강연에 갔을 때였습니다. 마지막 질문까지 다 답변드리고 천천히 강연장을 나오는데, 30대 후반쯤 돼 보이는 어머니가 다가왔습니다. 표정을 보니 이미 눈물이 한가득 그렁그렁해 금방이라도 터질 것 같았습니다.

제가 강연장을 나올 때까지 기다렸다 따라 나오는 분들은 지구만큼 무거운 사연을 가지고 계십니다. 공기마저 버거운 듯 걸음걸이가 휘청입니다. 보통은 찬찬히 말씀을 꺼낼 때까지 기다리지만, 그날은 먼저 여쭤봐야 할 것 같았습니다. 어머니가 어렵게 말문을 열었습니다.

"작년에 이혼했습니다. 아들이랑 같이 살고 있는데, 이혼하면서⋯ 상처를 많이 준 것 같아서 뭘 해줘야 할 것 같은데⋯ 잘 모르겠습니다. 자신감도 없어 보이고, 기가 죽어 학교에 다니는 것 같아 너무 미안한 마음이 듭니다."

이혼은 잘못이 아닙니다. 이혼은 선택일 뿐입니다. 다른 선택에 비해 좀 무거운 선택이었을 뿐, 그 자체로 잘못은 아닙니다. 엄마가 이혼해서 미안하다는 표현은 하지 않아도 됩니다. 엄마가 이혼 결정을 내리기까지 많이 힘들었다고 말해주면 됩니다. 두려웠지만 그만큼 용기를 낸 것일 뿐이라고. 새로운 출발을 하면서 남편의 도움 없이 혼자 가기로 한 것뿐입니다. 아이에게는 아직 엄마도 있고, 아빠도 그대로 있습니다. 아내와 남편이라는 이름만 없애기로 합의한 것뿐입니다.

'이혼했기 때문에 아이에게 상처를 줬고, 이혼했기 때문에 아이에게 잘못했고, 이혼했기 때문에 아이를 주눅 들게 했고…'

이렇듯 이혼을 마치 고약한 굴레처럼 표현하는 사람을 가까이하지 않길 바랍니다. 아이에게 정말 상처 주는 일은 엄마가 아무런 선택도 하지 못한 채 불행하게 사는 모습을 보여주는 것입니다.

사연을 증빙할 필요는 없습니다

중입 배정 원서를 쓰기 전 아이들에게 주민등록등본을 제출하도록 합니다. 인기 있는 학군으로 배정받으려고 위장 전입하는 학생을 가려내기 위해서지요. 그래서 6학년 담임을 몇 년씩 하다 보면 본의 아니게 아이의 가정사를 알게 됩니다. 아이가 등본상 부모가 아닌 다른 친인척 집에 동거자로 등재돼 있거나, 엄마랑 아이만 등록돼 있기도 합니다. 단지 위장 전입이 아니라는 걸 증명하기 위해 아빠가 멀리 지방으로 출장 중이거나, 별거 중이거나, 이혼 등의 사유로 같이 살지 않는다는 증명서를 제출해야 합니다.

가정마다 숨기고 싶은 사연이 있기 마련입니다. 저는 개인적으로 실 거주 확인 절차가 사라지면 좋겠습니다. 폭력적으로 느껴지기 때문입니다. 추가 증명 서류를 가져와 선생님께 제출하는 아이의 손이 무거워 보입니다. 서류 봉투는 누군가 보면 안 될 것처럼 밀봉돼 전달됩니다. 엄마가 아이 손에 서류를 들려 학교에 보내는 심정은 또 어땠을까요. 결과적으로 엄마는 아무런 잘못도 하지 않았는데 죄책감을 느껴야만 합니다. 아이와 엄마가 모두 불편해지는 이런 일을 단지 확인 절차라는 이유로 꼭 해야 하는지 모르겠습니다.

'엄마' 이름 되찾기

슬라보예 지젝Slavoj Zizek, 러셀 그리그Russell Grigg 등이 저술한 《나의 타자》에는 이런 표현이 등장합니다. "정체성은 '나'라는 인식인 동시에 타인이 나를 받아들이는 방식이다." 다시 말해 정체성은 '나'라고 하는 자신에 관한 인식뿐만 아니라 다른 사람이 받아들이는 형상에 지대한 영향을 받고 있음을 뜻합니다. 그래서 정체성을 세우기란 무척이나 어려운 일인 모양입니다.

다른 사람이 받아들이는 형상을 다른 말로 바꾸면 '이름'입니다. 어떤 '이름'으로 불리느냐에 따라 정체성에 영향을 줍니다. 그래서 학교에서 아이들을 부를 때면 늘 긴장됩니다. 똑같은 이름을 불러도 뉘앙스, 악센트, 표정을 통해 아이의 정체성이 형성되기 때문입니다.

이혼을 했든 안 했든 당신은 그냥 '엄마'입니다. 우리 아이를 가장 아끼는 그런 '엄마'입니다. 어머니가 아이를 향해 미안해하는 마음을 충분히 이해합니다.

이걸 기억하면 좋겠습니다. 어머니가 미안함과 죄책감에 휩싸인 시선으로 자녀를 바라볼수록 자녀의 정체성은 이혼한 사람의 아들, 딸이 되는 겁니다. 우리 아이는 그냥 우리 아들, 딸일 뿐입니다. 다른 이름을 덧붙이지 않으면 좋겠습니다. 대한민국의 모든 이혼한 엄마에게, 특히 자녀가 어린 엄마에게 당부드립니다.

"당신은 잘못한 게 없습니다. 당신을 위해 선택했을 뿐입니다. 당신의 선택을 응원합니다."

Chapter 2. 내면 살피기

인생의 항로를 찾아야 할 시기

＊

내 이름을 찾기에
아직 늦지 않았습니다

내 이름이 필요한 시간

어떤 이름을 원하는가?

지난 10여 년간 '엄마'라는 이름을 많이 들었습니다. 아직 제대로 일어서지도 못하는 아이가 초롱초롱한 눈으로 빤히 쳐다보며 '엄마~' 하고 불러주던 순간을 기억할 겁니다. 아마도 다시 태어난 느낌이었을 겁니다. 아이가 처음 불러준 이름이었으니까요. 어떤 '이름'으로 불릴 때 우리에게는 새로운 가면, 즉 '페르소나'가 생깁니다. 더구나 엄마라는 이름은 가히 '천부적인 페르소나'에 가깝습니다. 결코 가벼울 수 없는 이름이지요.

새로운 페르소나가 형성될 때 쾌감 또는 쾌락도 함께 얻습니다. 쾌락이라는 말이 낯설고 어색할 수 있습니다. 왠지 무언가를 즐긴다는 인상을 주어 숨기고픈 마음이 들기도 하죠. 우리 정서상 쾌락은 추구하면 안 되거나 감추어야 하는 일이었으니까요. 하지만 이제부터는 자신에게 괜찮다고 해도 됩니다. 정말 괜찮습니다.

누구라도 '이름'이 없다면 두려움을 느낍니다. 우리 삶은 페르소나를 방패 삼아 그런 두려움으로부터 계속 달음질쳤습니다. 이제는 인정해도 됩니다. '마흔'이나 먹었으니까요.

비로소 내 이름을 찾을 때입니다. 자신에게 부여된 수많은 이름을 지우는 과정에 꼭 필요한 진정한 목적이라 할 수 있습니다. 지금 자신은 어떤 이름을 갖길 원하나요? 워킹맘, 아내, 엄마, 큰딸, 작은딸, 며느리, 언니, 누나, 전문가, 이모, 고모…. 결코 간과할 수 없는 이름들입니다. 수많은 이름 중 나를 만족시키는 이름이 있는지 점검할 시간입니다.

물론 적당히 현재 상황과 타협하면서 자신의 이름을 유지할 수 있습니다. 그런데 마흔 앞에서 우리는 '진짜 이름'을 찾기를 요구받습니다. 설사 자신은 의식하지 못해도 우리 몸은 알고 있습니다. 그래서 자꾸 아프고, 피곤하고, 우울하고, 화나고, 짜증이 섞인 몸짓으로 표현하며 반응합니다. 그러고는 묻습니다.

"넌 어떤 이름으로 불리길 원해?"

위로의 시간

나의 이름을 찾기 전에 해야 할 일이 있습니다. 수많은 이름으로 불렸던 자신에게 미안하다고 말해줘야 합니다. '아내'라는 이름으로 10년 이상 살아온 나를 쓰다듬어줄 시간이 필요합니다. '며느리'라는 이름으로 다그쳤던 스스로를 잠시 멈춰야 합니다. '엄마'라는 이름으로 울고 싸운 순간들을 보듬어줘야 합니다. 나를 부르던 수많은 이름 속에서 의무를 다하려 했던 스스로를 어루만져줘야 합니다. 모든 호명에 충실히 응답하지 못해 죄책감에 시달렸던 자신을 안아주어야 합니다. 모두 내 이름이 아니었습니다. 타인이 불러준 이름이었습니다. 타인이 불러준 이름은 '자아'가 아닙니다. 그 이름에 의존한 '내'가 있었을 뿐입니다.

중간항로 시기는 축복이라 할 수 있습니다. 이제 진짜 내 이름을 찾아야 할 시기가 왔다고 알려주고 있으니까요. 한번도 들어보지 못한, 타인이 불러준 이름이 아닌, 내가 나에게 불러줄 이름을 찾을 시간입니다. 가장 두렵고도 외로운 시간이지요. 잠시 터널을 지나며 외로움을 견뎌야 합니다. 블랙홀이 페르소나들을 빨아들여 아무것도 남지 않을 것 같은 순간에도 그냥 있어야 합니다. 무척 괴롭고 무서울 겁니다. 그래서 더더욱 위로가 필요합니다. 내 이름들과 이별해야 하는 시간이거든요.

직면의 순간

위로의 시간을 통과하면 이제 나를 마주하는 '직면'의 순간이 찾아옵니다. 자아를 마주하는 일은 끔찍한 경험입니다. 누구에게나 벌거벗은 자아를 바라보는 일은 괴로운 일이니까요. 그냥 단순히 벌거벗은 몸이 아닙니다. 만신창이에 가까운 자신을 보게 될 겁니다. 자신을 돌보지 않은 채 살아온 시간 동안 생긴 상처와 상처에서 배어 나오는 고름, 딱딱하게 굳은 딱지들이 붙어 있을 겁니다. 지금껏 자신의 눈으로 보지 못했을 뿐 우리 몸은 잠재된 고통을 묵묵히 견뎌왔습니다.

정신분석 전문가를 찾아가 상담하는 과정에서 우리는 자신을 감싸고 있는 상처, 고름, 딱지라는 외투를 자신이 견딜수 있을 만큼 조금씩 벗습니다. 하지만 마흔 즈음의 엄마들은 대부분 벌거벗은 자아를 마주하는 순간을 혼자 겪고 있습니다. 슬픈 현실입니다. 그래서 자아와 직면하기를 포기하는 엄마가 많습니다. 부디 용기를 내면 좋겠습니다.

자아와 직면하는 용기는 작은 변화에서 시작됩니다. 지금이 자리에서, 책을 읽고 있는 순간에, 숨 쉬고 있는 '나'를 느

껴보길 바랍니다. 숨 쉬고 있는 '나'를 느끼는 작은 시작이
'나'와 직면하는 첫걸음입니다. 대단한 무언가를 하려 하지
않아도 됩니다. 지금껏 나라고 느꼈던 페르소나를 떠나보내
면서 맞이하는 이별은 아무것도 하지 않을 때 종결을 맞이
합니다.

이름을 찾는다는 건

　이름을 찾는 과정은 마음속에 숨은 '자아'를 찾아 들어가
는 과정입니다. 보통 '무의식'이라고 부르는 '금지된 영역'으
로 들어가는 것과 같습니다. 정신분석가 정도언은 《프로이
트의 의자》에서 "무의식은 쾌락원칙에 의해 작동"한다고 말
한 바 있습니다. 단, 전제 조건이 있습니다. 바로 '욕구', '욕
망', '소망' 등이 마음의 저변에서 먼저 움직일 때 그리고 그
것들이 채워질 때 쾌락이 존재할 수 있습니다. 지금껏 우리
는 마음속에서 솟아오르는 많은 욕구를 선별하고 분류해
'금지 영역'에 봉인했습니다. 나와 가장 가까운 사람들로부
터 욕구를 선별하고 분류하는 과정에 기준이 되는 규칙들을
나와 가장 가까운 사람들로부터 강요받았습니다. 특히 그런

기준들이 '너를 위해서'라는 단서와 함께 엄중한 무게감으로 우리를 억누릅니다.

쾌락 원칙에 의해 무의식이 작동된다고 하면 '거부감'이나 잠시 '멈칫'거리는 마음을 느낄 겁니다. 이미 자신이 얼마나 자신을 억누르고 있는지를 잘 보여주는 척도입니다. 금지된 영역에 봉인해둘 수밖에 없었던 나의 이름들이 그만큼 많았던 것이지요.

쾌락은 성적 욕망에만 해당하지 않습니다. 모든 욕구와 욕망에 '쾌락快樂'이 깃들어 있습니다. 욕구를 채울 때 '쾌快'의 상태가 되고, 채우지 못할 때 '불쾌不快'의 상태가 됩니다. 심지어 욕구 자체를 드러내지 못하는 상태를 '억압抑壓'이라고 합니다. 마음이 계속 억압을 당하면 마음의 병을 얻습니다. 자, 이제 더는 내가 아프지 않도록 나를 억압하던 것들을 찾아봅시다.

공부를 더 하고 싶었는데… 여자는 그 정도면 충분하다는 말 때문에 자신을 금지된 영역에 감춰뒀나요?

결혼보다 더 자유로운 20대를 살고 싶었는데… 첫째라는 이유로 자신을 금지된 영역에 묶어뒀나요?

사회성을 더 키워 전문가로 활약하고 싶었는데… 엄마라는
이유로 자신을 금지된 영역에 묶어뒀나요?

음악을 하고 싶었는데… 생활이 안정적이지 않다는 이유로
자신을 금지된 영역에 가둬뒀나요?

무엇이든 떠오르는 것을 적어보길 바랍니다. 그리고 찬찬
히 주변을 살펴보길 바랍니다. 서두를 필요는 없습니다. 내
가 마주할 만하다고 생각되는 작은 것부터 시작해보길 바랍
니다. 선택과 행동이 중요합니다.

금지된 영역에서 모든 것을 꺼낼 용기를 지닌 사람은 없
을 겁니다. 현명한 선택이라고도 할 수 없습니다. 하지만 자
신의 진짜 마음과 달리 억울하게 심리적으로 성장하지 못한
내면 아이들이 있습니다. 적어도 그들부터 구출하는 것이
진짜 주체적 욕망의 '내 이름'을 찾는 첫 시작입니다. 마흔이
라는 시기를 내 이름을 찾는 시작으로 생각해봅시다. 용기
를 내보길 응원합니다.

관계에 리모델링이 필요한 시간

내 의도와 상관없는 만남들

아이를 낳고 지난 10년간, 엄마 입장에서 만나고 싶지 않
은 사람을 너무 많이 만나며 지냈습니다. 이유는 하나입니
다. 아이와 관련된 일로 꼭 만나야 하는 사람이기 때문입니
다. 우리 아이가 아니었다면, 전혀 알 필요도 없었고, 또 굳
이 알고 싶지 않은 사람도 있었을 겁니다.

워킹맘은 바쁜 일과를 쪼개 아이를 위한 시간을 냅니다.
쉴 때 쓰라고 있는 연차를 써서 아이와 관련된 사람을 만납
니다. 전업주부도 마찬가지입니다. 어린이집, 유치원을 거
쳐 해를 거듭해 아이가 성장할수록 만나야 할 사람이 늘어
납니다. 아이가 학원을 옮길 때마다 처음 보는 원장 선생님
앞에서 우리 아이의 레벨 테스트 결과지를 놓고 이것저것
물어봐야 합니다. 학교에서 공개 수업을 할 때마다 찾아가
고, 처음 보는 아이 친구 엄마를 만나서 함께 차를 마셔야 하
고, 체육대회 때도 빠질 수 없습니다. 학교 명예 교사로 활동
하거나, 교통 안전 녹색 어머니회에 참여하거나, 급식 모니
터링 같은 활동에서도 누군가를 만나야 합니다. 우리 아이
가 다른 아이와 싸우기라도 하면, 상대 아이 학부모와 연락

을 취하고 문제를 해결해야 합니다.

가정마다 빈도의 차이는 있겠지만, 자녀와 관련해 누군가를 대면하는 일은 늘 있기 마련입니다. 대부분 엄마의 몫입니다. 학부모 상담 기간에도 엄마가 학교를 찾습니다. 엄마와 아빠가 함께 오는 경우는 드뭅니다. 아빠 혼자 오는 경우는 더욱 그렇지요. 아이를 위해 낯선 사람을 만나는 일은 대부분 엄마의 몫입니다.

타인을 만난다는 건 무척 피곤한 일입니다. 낯선 사람을 만나면 상당한 에너지를 쓰기 마련입니다. 상대방에 관한 정보가 있다고 해도 다르지 않습니다. 마흔 즈음의 엄마는 지난 10년 동안 수많은 사람을 만나왔으니 지칠 만도 합니다.

아이 문제로 처음 보는 누군가를 만나야 할 때, 이제는 아빠를 보내도 됩니다. 아빠도 아이를 위해 낯선 사람을 만나는 과정을 거쳐야 비로소 '어른'이 됩니다. 어색한 만남을 회피한다면 그냥 어린이로 남고 싶다는 것밖에 되지 않습니다. 지금부터 아빠에게 어른이 될 기회를 조금씩 주길 바랍니다. 그래야 엄마가 숨을 좀 쉴 수 있습니다.

친구 또는 적

영국의 유명한 역사학자 아놀드 토인비Arnold Joseph Toynbee는
저서 《토인비의 역사기행》에서 인간에 관한 '섬뜩한' 해설
을 내놓습니다. "인간은 언제나 인간 자신이 최악의 적이다."

누구나 마흔 즈음이 되면 관계를 맺을 때 보이지 않는 선
을 만들기 시작합니다. 조금 과격하게 말하자면 친구인지
적인지를 구분합니다. 자신에게 실질적인 혹은 정서적인 측
면에서 이익이 되는지에 따라 관계를 구분 짓기 시작합니
다. 많은 사람을 만나다 보면 누구나 자기만의 데이터가 쌓
이기 마련이지요. 상대방의 고유한 특성이나 가치를 알기도
전에 자기만의 기준으로 상대를 판단하게 됩니다. 단편적인
관계일수록 더더욱 그러합니다. 내가 가진 데이터로 상대를
보기 시작한다면 관계를 리모델링할 시기라는 뜻입니다.

무엇보다 마흔 즈음이 되면 인간관계를 점검하는 시간이
필요합니다. 아이를 위해 낯선 사람을 만나왔던 것만으로도
충분합니다. 직장 동료, 친인척, 친구, 이웃과의 관계를 조심
스럽게 리모델링할 때입니다. 더는 낯선 사람 때문에 힘들
어하지 않고 인간관계를 한결 가볍게 또는 한층 진하게 맺

을 수 있는 적당한 시기가 됐습니다.

리모델링은 정리가 아니다

관계에 관해 조언하는 책들을 찾아보면 보통 '버릴 것'부터 떠올리라고 말합니다. 첫 번째 버림의 대상은 평소 잘 떠오르지도 않고, 만나도 즐겁지 않고, 만남 자체 때문에 필요 이상의 에너지를 써야 하는 상대입니다. 꽤 괜찮은 방법이라고 생각합니다. 관계를 '정리'할 때 큰 용기가 필요한데, 버림의 대상을 찾기만 해도 관계 때문에 겪어야 하는 무게감을 많이 줄일 수 있습니다. 하지만 한계도 있습니다. 주기적으로 정리하고 버려야 할 일이 계속 생긴다는 것입니다.

리모델링과 정리는 어떻게 다를까요? 우선 리모델링을 '정리'와 혼동하면 안 됩니다. '정리'는 현재 상황을 바꾸지 않으면서 주변을 단순하게, 일목요연하게, 깔끔하게 만드는 것을 의미합니다. 일종의 청소 같은 개념이라 할 수 있습니다. 반면 리모델링은 정리의 차원을 넘어 공간 자체를 바꾸는 것을 의미합니다. 정리보다 조금 더 많은 노력이 필요하지만, 자신을 괴롭히는 인간관계를 확실하게 맺고 끊는 과정이지요.

자신을 둘러싼 관계를 정리했다고 해도 이전과 같은 관계 맺기 방식을 그대로 유지한다면 시간이 흘러 비슷한 방식으로 또다시 정리해야 하는 상황이 펼쳐집니다. 사실 지금껏 우리 모두 비슷한 과정을 거쳐왔습니다. 그래서 무척 피곤한 상태이지요. 인간관계로 인해 더는 지치고 싶지 않다면 '정리' 차원이 아닌 '관계 맺는 방식을 변화시키는 과정', 즉 관계의 리모델링이 필요합니다.

먼저 자신이 어떻게 타인과 관계를 맺었었는지 점검할 때입니다. 누군가와 관계를 맺는 순간, 자신의 행동이나 생각에 앞서 '왜why'를 넣어보길 바랍니다. 사춘기 아이들이 끊임없이 물어보는 것처럼 말이지요.

"왜, 나는 누군에게 부탁을 받으면 일단 '알았다'라고 대답할까?"

"왜, 나는 시댁을 떠올리기만 해도 자꾸 화가 날까?"

"왜, 나는 친정엄마만 생각하면 자꾸 눈물이 날까?"

"왜, 나는 시장에 가면 물건 흥정을 잘 못할까?"

"왜, 나는 가고 싶지 않은 회식 자리에 마지막까지 남아 있는 걸까?”

　“왜, 나는 내 의견을 주장하지 않고 나중에 후회할까?”

　‘왜’라고 되물었던 나의 행동은 사람마다 다를 겁니다. 그
중에서도 자신에게 가장 스트레스를 줬던 질문 하나를 붙들
고 끈질기게 파고들길 바랍니다. 산책하거나 거울을 보거나
잠시 혼자 여행 갔을 때도 자신을 가장 괴롭히던 질문을 떠
올리며 자신에게 물어보길 바랍니다.

　“너는 말야… 왜….”

　대답을 찾는 순간, 관계를 변화시킬 수 있습니다. 자신에
관한 통찰력이 생기고, 관계의 리모델링이 시작됩니다. 자
신을 지치게 만드는 인간관계를 적당히 정리하고 멈추면 안
됩니다. 조금만 더 기운을 내서 관계의 리모델링을 꼭 이루
길 바랍니다.

단순히 관계를 '정리'하는 게 아닌 관계 맺는 방식 자체를 변화시키는,
관계의 '리모델링'을 시도해보세요.

엄마의 권위

우리 딸아이

방과 후가 되면 교문 주변에 저학년 학부모들의 얼굴이 보입니다. 주로 엄마들입니다. 최근 들어 부쩍 할머니나 할아버지도 늘어나고 있습니다. 학부모 상담 주간에 할머니나 할아버지가 찾아오기도 합니다. 한번은 아이의 할머니가 면담을 하러 오셨습니다. 그런데 첫마디부터 의외였습니다.

"딸아이가 뭐 하나 제대로 할 줄 아는 게 없어서, 아이가 많이 부족합니다."

할머니의 말속에 아이가 두 번 나왔습니다. 할머니는 자신의 딸아이, 즉 아이의 엄마를 염려하고 있었습니다. 그래서 자신의 손자인 아이가 부족하다고요.

'딸아이'와 '아이'라는 말을 듣고 많은 생각이 떠올랐습니다. '딸아이'는 많은 사람이 부러워할 만한 전문직을 가진 워킹맘이었습니다. '아이'는 시험만 보면 늘 100점 가까이 점수를 받는 아이였습니다. 물론 할머니의 말씀은 당신의 손자가 부족해 보여도 잘 헤아려달라는 고전적 표현입니다.

하지만 무의식은 고전적 언어, 현대적 언어를 구분하지 않습니다. 무의식과 관련된 모든 언어는 '상징성'을 지니고 있습니다. 상징성이란 대표하는 무언가를 말합니다. 좀 더 쉽게 표현하면 표상이 되는 '이미지'입니다. 할머니에게 딸아이와 아이는 무의식적으로 동급 이미지입니다.

만약 교장 선생님이 담임교사인 저를 우리 반 학생들과 동급으로 생각하고 대우한다면 어떻게 해야 할까요? 저는 담임으로서 아이들을 보호하고, 관찰하고, 방향성을 유지해야 할 의무와 책임이 있습니다. 따라서 당연히 담임교사로서의 권위를 되찾기 위한 행동을 취해야 합니다. 권위란 일종의 '위치'이며 나 자신의 의지만으로 세울 수 없습니다. 누군가 자신을 지금의 위치에 올려주기도 하고, 지금의 위치에서 내려오게도 합니다.

마흔 즈음 엄마의 위치가 어디쯤인지 한 번쯤 점검해볼 필요가 있습니다. 특히 친정엄마가 마흔이 된 나를 어떤 위치에 두고 있는지 살펴보길 바랍니다. 물론 친정집에 가면 마음 편히 친정엄마의 딸 노릇을 해도 됩니다. 하지만 아이 앞에서는 할머니에게 엄마라는 권위를 인정받아야 합니다. 내 아이니까 내 맘대로 할 수 있게 해달라는 뜻이 아닙니다.

적어도 아이에 대한 교육, 양육, 성장 과정을 선택할 때 엄마
인 내가 최종 결정을 할 수 있는 권위를 가져야 한다는 겁
니다.

　모든 선택이 다 잘될 수는 없습니다. 그래도 괜찮습니다.
'내가 책임을 진다'라는 담담한 마음과 태도만 있으면 됩니
다. 그리고 자신의 선택과 결정은 친정엄마든 시어머니든
모두 간섭할 수 없는 영역임을 알려야 합니다. 그렇지 않으
면 늘 자녀와 동급으로 마흔, 쉰, 예순을 살게 됩니다. 마흔,
지금은 자신의 위치를 바로잡을 시기입니다.

난 잘 모르겠으니 네가…

　반대인 경우도 있습니다. 엄마 나이가 마흔 즈음이 되면
갑자기 이런 말을 자주 듣습니다.

　"이건 어떻게 하면 좋겠니?"

　사실 정말로 어떻게 하면 좋은지를 묻는 것이 아닙니다.
'네가 알아서 좀 해달라'는 의존적 요구입니다. 자신도 모르

는 사이 친정엄마가 아이의 위치를 차지할 때가 있습니다. 마흔 즈음의 엄마가 사회적 지위를 갖고 경제적으로도 한층 성장하면 친정엄마는 이제 집안의 작고 소소한 일에 필요한 결정을 자신의 딸아이에게 쓱 밀어놓고 기다립니다. 처음에는 어엿한 성인으로 인정해주는 것처럼 느껴져 기분이 좋을 수도 있습니다. 뿌듯하기도 할 겁니다. 그런데 이런 일이 지속되면 서서히 부담으로 느껴집니다. 마흔 중반이 다 되고 시간이 더 흐르면 '왜 이런 것까지 다 내가 신경 써야 하지? 왜 내 책임이지?' 하는 의구심이 듭니다. 갑자기 자신의 위치가 엄마에서 집안 어른으로 바뀌어 있습니다. 이 또한 합당한 권위가 아닙니다. 마흔이면 아직 아이의 엄마라는 위치가 맞습니다. 그 이상의 권위는 자신을 어른으로 대하는 것이 아니라 책임을 떠넘기는 부당한 요구일 뿐입니다. 권위와 책임 때문에 서서히 지치는 일은 없어야 합니다.

나의 위치

"나로 말하자면 그들 때문에 내가 대체 누구인지를 잊어버릴 뻔했습니다." 《소크라테스의 변명》에 나오는 한 구절입니다. 주변 사람들의 시선에 휘둘려 진짜 내 위치를 혼동하지 않길 바랍니다. 주변에서 원하는 엄마는 이상적인 모습일 뿐입니다. 일 잘한다는 칭찬은 허울 좋은 말일 뿐 능동적인 행복감을 채워줄 수는 없습니다. 집안의 대소사를 도맡아 처리한다고 해서 권위가 생기지도 않습니다. 엄마 스스로 선택한 일이라면 상황이 다를 수 있겠지만, 주체적으로 선택할 수 있는 상황이었다면 애초에 자신을 그 위치에 놓지도 않았을 겁니다.

　마흔 즈음을 지나고 있는 초등 엄마들이 힘들지 않으면 좋겠습니다. 엄마가 해야 할 선택과 결정권을 친정엄마, 시어머니에게 맡기고 자녀와 동급으로 살아가지 않으면 좋겠습니다. 직장과 가정 사이에 끼어 인내하고 감당하는 사람으로 머물러 있지 않으면 좋겠습니다. 첫 시작은 내가 감당해야 할 위치를 명확히 알고 경계선을 만드는 겁니다. 자신이 엄마로서 만들어놓은 경계선을 허물려는 사람을 멀리하고, 경계선 밖의 일은 그들에게 맡기면 됩니다. 그러면 좀 덜 힘들어집니다.

감정을 청소할 시간

감정은 늘 흔들린다

마흔이 되었다고 해서 누구나 자신의 감정을 잘 조절하는 건 아닙니다. 감정은 늘 예고 없이, 순간적으로 반응합니다. 그리고 한번 고착된 감정 기복은 일종의 패턴을 형성합니다. 감정이 패턴화되면 조절하기가 더욱 어려워집니다. 그래서 '감정'이라는 단어는 긍정적 의미보다 부정적 의미로 사용될 때가 많습니다.

"저 사람은 참 감정적이야."
"넌 왜 그렇게 사람이 감정적이냐?"

우리는 감정에 대해 쉽게 말합니다. 그만큼 '감정적'이라는 표현이 알게 모르게 우리에게 부정적 의미로 내재화돼 있다는 것을 의미합니다. 감정이 무의식의 흐름을 따르는 경우가 더 많기 때문입니다. 반면 욕구는 어느 정도 의식의 영향을 받아 조절 능력을 갖춰나갈 수 있습니다. 지금 당장 급박하게 해야 할 일들이 있을 때 배고픔 정도는 잠시 참을 수 있습니다. 하지만 아무리 급박한 일이 쌓여 있다고 해도 한번 상해버린 감정을 잠시 멈추고 일을 해내기란 참 어렵습니다. 욕구의 불만족보다 감정의 불쾌감이 더 많은 에너지를 소모시킵니다.

마흔 즈음의 감정 환경들

초등학생 자녀를 둔 마흔 즈음의 엄마는 이전보다 더 자주 감정적으로 흔들립니다. 그리고 에너지도 더 빨리 소진됩니다. 아무리 에너지를 가득 충전해도 배터리가 금세 방전되는 듯한 기분을 느낍니다. 엄마들은 자녀를 양육하는 동안 많은 에너지를 소진했습니다. 단순히 아이를 낳아 키우는 과정 때문만이 아닙니다. 남편과 연결된 타인들 속에서 자신의 위치를 찾는 과정은 인고忍苦에 가깝습니다. 한꺼번에 많은 타인을 밀접한 관계로 만들고 에너지를 소진하면서 자아를 잃어가고 있었던 것입니다.

우리의 뇌는 낯선 사람을 만날 때 꽤 많은 에너지를 방출합니다. 인류의 역사 속에서 인간은 오랜 세월 수렵 생활을 해오며 다양한 적을 만났습니다. 자신 앞에 있는 낯선 사람이 자신을 해치려 하는 적일 수도 있다는 것을 배웠습니다.

누군가를 만나면 늘 긴장과 경계를 늦추지 않는 것도 우리 몸에 새겨진 오래된 프로그램 때문입니다. 타인을 밀접하게 수용하려 할 때면 늘 무의식의 뇌는 긴장감을 유발합니다. 단지 우리의 의식이 눈치채지 못하고 있을 뿐이지요.

사회에서는 프로답게 일하던 사람이라도 '엄마'라는 위치에 놓이면 감정의 흔들림을 제어하기가 쉽지 않습니다. 특히 자녀와 관련된 일이라면 더욱 어렵습니다. 아무리 평정심을 유지하려고 해도 요동치는 감정은 어쩔 수 없습니다.

한편 아이들은 엄마의 감정을 기가 막히게 파악합니다. 그렇기 때문에 엄마의 감정을 분리해서 받아들이지 못하고 엄마 그 자체로 받아들입니다. 화, 불안, 미움, 질투, 짜증 등의 이름으로 엄마를 조각하지요. 또한 엄마의 감정에 함께 흔들립니다. 그만큼 마흔 즈음의 엄마가 겪는 감정은 무척 중요합니다. 엄마를 위해서도 아이를 위해서도 모두 중요합니다.

감정은 끝없이 재생된다

마흔 즈음이 되면 내 안에서 솟아오르는 감정의 역사를

되짚어봐야 합니다. 일종의 감정 분류 작업을 해보는 겁니다. 감정의 역사를 찬찬히 되짚다 보면 색다른 경험과 마주하게 됩니다. 개인마다 감정의 패턴이 다르고 감정의 공식 또한 다른 것처럼 말이죠. 그리고 개인마다 감정이 요동치는 폭이 다르듯 각자의 과거사에는 각각의 다른 이유가 내재해 있습니다.

슬픔이라는 감정을 느꼈던 순간들을 기록해봅니다. 걷잡을 수 없이 화가 났던 사건들을 기록해봅니다. 억울함이라는 감정을 느꼈던 일을 기록해봅니다. 기뻐했던 감정을 기록해봅니다. 두려워했던 일들을 기록해봅니다. 후회했던 일화를 기록해봅니다. 감정을 분류하고 기록하다 보면 한 가지 사실을 깨닫게 됩니다.

슬픈 감정을 떠올리며 기록할 때 슬픔이 재연됩니다. 화가 났을 때, 억울했을 때, 기뻤을 때, 두려웠을 때, 후회했을 때의 감정이 마치 재방송처럼 다시 일어납니다. 감정이 가진 독특한 속성 때문입니다.

감정은 결코 사라지지 않습니다. 비슷한 상황을 계속 떠올리기만 해도 다시 재생되는 능력을 가지고 있습니다. 감정은 잠시 사그라들 뿐 완전히 사라지지 않습니다. 언제든 다시 복제할 준비를 하고 있습니다. 마흔쯤 되면 자신도 모르게 감정이 수시로 복제되지 않도록 선별해둬야 합니다.

지켜야 할 감정과 버려야 할 감정

보통 어떤 감정이 마음속에 일어날 때, 우리는 감정을 '느낀다'라고 표현합니다. 영어로 표현하면 'feeling'입니다. 하지만 정신분석에서는 감정을 '주고받는' 과정에 더 중점을 둡니다. 즉 나의 감정이 타인에게 또는 타인의 감정이 나에게 어떤 영향을 주는지를 살핍니다. 감정과 관련된 용어도 감정의 영향을 강조하는 'affecting'이라는 단어를 사용합니다.

정신분석에서는 지금 내가 느끼는 주관적 감정이 누군가로부터 영향을 받은 어떤 것이라고 설명합니다. 나의 진짜 감정feeling과 타인으로부터 감염된 감정affecting이 있다는 의미입니다. 마흔 즈음에는 감염된 감정들affectings이 무엇인지 인식할 줄 알아야 합니다. 그리고 감염된 감정들로부터 나의 감정을 지켜내야 합니다.

감정 위로

마흔 즈음 감염된 감정들과 헤어지고 마음속에 억눌려 있던 감정들을 하나씩 풀어주는 시기가 찾아옵니다. 이때 나 자신을 직시하면서 동시에 위로해주면 됩니다. 타인의 감정에 역동하고 반응하는 동안 힘들었던 자신을 위로해주길 바랍니다. 거울 앞에 서서 거울에 비친 나 자신을 다른 누군가라고 생각하면서 나에게 '미안하다'라고 말해주는 겁니다.

"조금 더 너의 감정에 충실했어야 했는데, 그땐 내가 너무 어렸어."
"미안하다. 그러면 안 되는데 사실 많이 무서웠어."
"미안해, 나한테는 그게 최선이었어."

나에게 하는 사과는 나 자신을 반복적으로 위협하듯 떠오르는 감정을 청소하는 과정입니다. 마흔이 되는 동안 타인의 감정들에 의해 뒤엉켰던 내 감정의 실타래를 풀어내길 바랍니다. 작은 행동에서부터 시작하면 됩니다. 내 가슴을 감싸듯 도닥거리며 사과하면 됩니다. 큰 거울이 아니어도 괜찮습니다. 작은 손거울 속에서 울고 있는 나에게 '미안하다'라고 말해주길 바랍니다.

그림자를 바라볼 시간

'공허'라는 이름의 그림자

융 심리학으로 인간의 내면을 연구한 미국의 정신분석가 로버트 존슨 Robert A. Johnson 은 《당신의 그림자가 울고 있다》에서 중년의 삶에 관해 이렇게 말합니다. "중년이 되면 본의 아니게 시소의 양 끝을 오가는 삶에 지치게 된다." 덧붙여 '아주 메마르며 마치 모든 에너지를 다 쥐어 짜낸 듯한' 시기라고 표현합니다. 그가 말하는 중년은 마흔 즈음보다는 쉰에 가까운 나이입니다. 하지만 저는 요즘 중년의 시기가 점점 더 앞당겨지고 있다고 느낍니다. 이미 30대 중반만 되어도 에너지를 쥐어짜듯 하루하루를 살아가고 있기 때문입니다.

아이가 성장하고 발달할수록 엄마의 에너지는 소진됩니다. 하지만 아이의 성장 과정을 지켜보는 것만으로도 행복이라고 생각하며 스스로를 다독입니다. 그러다 엄마 나이가 마흔 즈음이 되면 아이에게 사춘기가 찾아오고, 엄마의 소진된 공간을 '공허'가 채웁니다.

칼 구스타프 융은 내면의 에너지를 소진하는 동안 '그림자'가 생긴다고 말합니다. 아이러니하게도 열심히 살아온 만큼 내면의 그림자도 성실하게 키워온 셈이지요. 마흔 즈음

은 에너지를 쏟아내는 데 몰두하는 것을 잠시 멈추고 자아
의 그림자를 바라볼 시간입니다. 이 시기의 엄마들은 대부
분 자신의 내면에 그림자가 생겼다는 것조차 의식하지 못합
니다. 그저 더 피곤해지고, 우울해지고, 나도 모르게 화가 올
라올 때가 있다고 여길 뿐이지요. 자, 이제 내면의 그림자를
마주할 시기가 됐습니다.

그림자 확장

내면의 그림자는 심리적 압박이나 상처로 인해 생긴다기
보다 평범한 일상에서 만들어집니다. 우리에게 주어진 일상
을 열심히 살아온 것만으로도 커집니다. 특히 내가 중요하게
여겼던 사람, 사물, 권위, 위치 등으로부터 소외됐다는 사실
을 마주할 때 그림자의 크기를 실감하게 됩니다.

사춘기로 접어든 아이는 엄마를 부르는 음성부터 달라집
니다. 자신의 방으로 들어오지 못하도록 엄마를 밀어내기도
합니다. 엄마가 필요 없어지고 관심을 간섭으로 느끼며 불
편해하기도 합니다. 아이의 영역에서 엄마가 '퇴장하는 시
기'죠.

아이의 갑작스러운 변화에 엄마는 곤혹스럽습니다. 아이를 열성적으로 돌봤던 엄마일수록 내면의 그림자는 더 크고 깊게 드리웁니다. 집안일을 돌보며 직장 일에 고군분투했던 워킹맘이라면 퇴근하고 집에 돌아와 산더미 같은 집안일을 마주하면서 일상의 무게에 짓눌립니다. 별 관심 없는 듯한 남편의 시선과 말투 속에서 꺼내지 못한 심정은, 직장 동료가 무심히 건넨 커피 앞에서 별안간 폭풍 같은 눈물이 돼 쏟아집니다. 일상에서 켜켜이 쌓인 아주 작은 소외감이 내면의 그림자도 두텁게 쌓아갑니다. 그리고 피할 수 없는 질문에 맞닥뜨리게 됩니다.

"도대체 왜, 무엇 때문에 이렇게 힘들게 사는 거지?"

그림자의 붕괴

내면의 그림자는 다양한 양상으로 하나의 습관처럼 나타납니다. 정신분석에서는 이를 '증상'이라고 표현하는데, 그림자의 존재를 증명하는 일종의 단서로서 매우 중요하게 다룹니다. 어느 날 이유 없이 우울감이 몰려온다면 자신에게

나타난 증상을 소중하게 살펴보길 바랍니다. 화가 올라오거
나 잠이 쏟아질 때, 또는 잠들기 힘들 때도 자신의 증상을 찬
찬히 살펴보길 바랍니다. 이때 술이나 담배 혹은 수면제, 진
통제에 의지해 증상을 섣불리 완화하려 하지 말고 일단 지
켜보는 게 중요합니다. 물론 일상생활을 하기 어려울 만큼
심각한 증상이라면 전문의를 찾아가 처방을 받아야 합니다.
여기서 말하는 증상은 적어도 일상을 유지할 수 있으면서
전조 증상처럼 문득 올라오는 약한 강도에 한합니다.

　누구나 '심리 회복력'을 갖고 있습니다. 회복력은 순간적
인 통찰을 통해 강화됩니다. 만약 증상을 없애려 시도하면
통찰의 순간은 찾아오지 않습니다. 증상을 있는 그대로 가
만히 바라보면서 여유와 휴식을 가질 때 의도치 않게 섬광
처럼 찾아옵니다.

　"내가 그동안 '엄마'라는 이름에 전부를 걸었구나!"
　"'좋은 딸'이라는 이름에 묶여 있었구나!"
　"'아내'라는 이름에 나 자신을 너무 많이 소진했구나!"

　쉼을 통해 얻은 성찰은 지금껏 잊고 있었던 '자아로의 회

귀'를 위한 훌륭한 전환점이 됩니다. 토론토대학교 심리학과 교수 조던 B. 피터슨Jordan B. Peterson은 《의미의 지도》에서 자신이 겪는 인생의 경험과 도덕적 기준의 관계에 관해 이렇게 말합니다. "주관적 경험, 즉 우리를 착각으로 몰아넣는 집단의 제약을 벗어난 개인적 현실을 본질적으로 이해하면 기존에 따르던 도덕률은 완전히 붕괴한다." 기존의 도덕적 기준이 자아에게 어떤 의미도 될 수 없을 때 그림자가 붕괴되기 시작합니다. 피터슨 교수가 말한 "도덕률이 완전히 붕괴"하는 상황 속에는 양가감정이 깃들어 있습니다. 한편으로는 '그래도 괜찮을까?' 싶은 불안함과 다른 한편으로는 벗어나고 싶다는 의지에서 비롯된 해방감, 자유로움입니다.

어느 쪽에 서서 자신을 바라볼 것인지는 스스로의 선택에 달려 있습니다. 나의 선택에 따라 가장 두렵지만, 가장 의미 있는 순간이 펼쳐질 겁니다. 마흔 즈음부터는 집단이나 사회가 부여한 의미가 아닌 오로지 나를 위한 선택을 하는 시기를 맞이하길 바랍니다.

°지루함과 우울함 사이

우울의 증상

우울의 원인에는 여러 가지가 있습니다. 그런데 내가 겪는 우울을 설명할 수 있는 단 한 가지는 없어 보입니다. 만약 자신이 겪는 우울의 이유 하나를 명확히 알 수 있다면, 어쩌면 당신은 정말로 우울한 것이 아닐 수도 있습니다.

대체로 우울의 증상은 구체적으로 설명하기도 어렵고 이유를 알기도 힘듭니다. 어느 아침, 자욱하게 가라앉은 안개처럼 우울감은 마흔 즈음의 엄마를 휘감습니다. 이유조차 제대로 모르는 엄마들은 두루뭉술하게 자신의 상태를 짐작할 뿐입니다.

'설마 벌써 갱년기인가⋯'

자신이 우울을 겪고 있는지 확인할 수 있는 몇 가지 체크 리스트를 드리겠습니다. 해당하는 사항이 몇 개쯤 되는지 확인해보세요.

☑ 우울 증상 체크리스트

☐ 요즘 잠을 자도 자꾸 졸리다.

☐ 그냥 이유 없이 울적한 기분이 든다.

☐ 깨어 있어도 기운이 없고 피곤할 때가 많다.

☐ 결정하고 선택하는 일이 싫고 어렵다.

☐ 쉽게 집중하지 못한다.

☐ 별로 웃을 일이 없고 기대감도 없다.

☐ 막상 잠을 자려 하면 자꾸 뒤척인다.

☐ 죽음을 생각한다.

☐ 자신이 쓸모 있다는 생각이 별로 안 든다.

☐ 그냥 모두 다 나 때문인 것 같은 죄책감이 든다.

☐ 텅 빈 느낌이다.

우울에 대한 자각

　우울에 관한 체크리스트를 작성하고 나면 그중 몇 가지에 해당하는지 묻습니다. 세 가지 이상 체크했다면 우울증을 겪는 중일 수 있다고 말합니다. 하지만 두 가지만 체크했다고 우울하지 않다고 할 수 있을까요? 한 가지만 체크했으면 확실하게 우울하지 않을까요? 반대로 여섯 가지 정도 체크했으면 확실하게 우울증이 심한 걸까요?

사실 우울감은 '안정성'과 관련이 깊습니다. 우울감에는 현재의 상태를 계속 유지하려는 속성이 있습니다. 만약 체크리스트 중에서 하나의 항목이 꽤 오랫동안, 안정적으로 유지되고 있다면 이미 얕은 우울감에 길든 것일 수도 있습니다.

가족이 한집에 살면서 어떤 정서적 교류도 없이 지내온 상태가 1년간 지속되었다면 그 가족은 모두 우울한 상태라고 볼 수 있습니다. 낮에는 의무적으로 회사나 학교에 가고 밤이나 주말에는 평소처럼 큰 변화 없는 일상을 반복합니다. 그럴수록 지금의 상태에서 벗어나 변화하기를 귀찮아합니다. 너무 편하고 익숙한 일상에는 길들기 쉽습니다. 지금 그대로 계속 반복돼도 평소 생활에 별문제 없기 때문입니다.

우울한 사람에게 갑자기 운동 좀 열심히 하라거나, 새로운 취미를 가져보라거나, 잠깐 일을 멈추고 여행이라도 다녀오라고 하면 좀처럼 행동으로 옮기지 못합니다. 대부분 현재 상황을 그대로 유지하는 쪽을 선택합니다. 우울한 사람에게 일상의 변화는 너무나 큰 도전입니다. 저녁밥 챙기기도 힘들어서 잠을 자야 할 판에 운동이라니요. 먼 달나라 이야기일 뿐입니다.

당신에게 필요한 아주 작은 조각들

우울한 상황에서 쉽게 벗어날 수 없다면 아주 작은 행동 부터 시작하면 됩니다. 생활 속 작은 조각부터 변화해간다면 지금껏 나를 우울하게 만든 기분에 균열을 만들 수 있습니다.

◎ 아침에 일어나 시원한 물 한잔 마시기

◎ 평소 마시던 맥주 말고 다른 걸로 골라 마셔보기

◎ 다니지 않던 아파트 길로 걸어오기

◎ 늘 시키던 곳 말고 다른 식당에서 배달시켜보기

◎ 어제보다 1분만 일찍 일어나기

◎ 아무 이유 없이 그냥 딱 한 번 혼자 웃기

◎ 아무것도 하고 싶지 않을 때 누운 채로 10초 동안 발가락 꼼지락거리기

◎ 평소 먹어보지 못했던 새로운 라면 끓여 먹어보기

◎ 컵라면을 냄비에 넣고 끓여 먹기

◎ 신 과일 한 입만 먹어보기

원리는 간단합니다. 평소 익숙하게 했던 행동 중에 아주 사소한 부분 하나만 바꿔보는 겁니다. 저녁마다 맥주를 마시며 넷플릭스를 보는 재미에 빠져 있다면, 늘 사던 맥주 대신 처음 보는 맥주를 골라봅니다. 물론 실패할 확률이 높습니다. 맛이 없겠죠. 그 순간에는 짜증이 나거나 후회할 수도 있습니다. 그런데 그 실패가 일으키는 작은 파장이 단조롭던 일상에 변화를 일으킵니다. 사소한 변화가 만든 역동이 우울의 안정성을 흔들어줍니다. 짜증도 가끔은 특효약이 됩니다.

저는 가끔 아이들에게 과학실에 가서 뭘 받아오라거나, 교무실에 가서 보드마카를 받아오라고 합니다. 물론 아이는 가기 싫어합니다. 그래도 선생님의 지시이니 억지로라도 갑니다. 그럼 저는 재빨리 과학실이나 교무실에 전화합니다.

"지금 ○○이가 내려갔는데, 사탕 하나만 주세요. 사탕이 없다면, 볼펜이나 뭐라도 선물이라고 하면서 주세요."

잠시 후 아이가 밝아진 얼굴로 교실로 돌아옵니다. 아이에게 모르는 척 물어봅니다.

"뭔가 좋은 일 있나 보네?"

"히히, 지우개 득템이요."

하나만 기억해두세요. 우울의 적은 아주 작은 일상의 변화입니다. 일단 시작만 하면 된다는 심정으로 한 번도 찾지 않을 헬스장에 등록하러 가려고 몇 달씩 마음먹지 말고, 오늘 저녁 늘 가던 편의점에서 다른 맥주를 골라보길 바랍니다.

사소한 변화가 만든 역동이 우울의 안정성을 흔들어줍니다.
짜증도 가끔은 특효약이 됩니다.

망각이 필요한 시간

우울한 듯 우울하지 않은 우울증

  '우울하지 않은 우울증'이 있습니다. 주로 마흔 즈음 엄마에게 해당합니다. 본인은 정작 우울증이라는 것을 잘 모릅니다. 대체 어떤 증상이기에 당사자가 모르는 것일까요?

  평소와 다를 바 없는 날, 특별히 심리적으로 더 위축되거나 스트레스받을 일도 없는 그런 날을 떠올려보세요. 서른 즈음, 자녀를 낳고 10년간 그저 바쁘게 달려왔던 날들과 비슷한 하루일 뿐입니다. 갑자기 가슴속에서 이전에는 느끼지 못했던 묵직함을 느낍니다. 속도 조금 답답한 것 같습니다. 커피를 마시지도 않았는데 심장이 민감하게 뛰기 시작합니다. 밤새도록 뒤척이다 잠을 설치는 날이 늘어납니다. 소화가 잘 안되는 것 같고 입맛도 없습니다. 몸이 무겁고, 약을 먹을 정도는 아니지만 경미한 두통도 느껴집니다. 그러면 대부분 체력이 좀 떨어졌거나 몸이 좀 피곤해서 그렇다고 생각합니다. 가슴 통증까지 자주 느끼면 혹시 심장에 이상이 있나 싶어 병원에 가보지만 아무 이상이 없다는 답변을 듣습니다. 한편으로 다행이다 싶지만, 그렇다고 컨디션이 좀처럼 나아지진 않습니다.

우울증은 다양한 모습으로 나타납니다. 자신은 우울하다고 인지하지 못하지만, 몸이 먼저 반응하는 우울증도 있습니다. 바로 '우울하지 않은 우울증'이라고 부르는 상태입니다. '인식하지 못하는 우울증'이라고도 합니다.

무의식에 감춰진 것들에 비하면 우리가 의식 영역에서 인지하는 것들은 극히 제한된 일부일 뿐입니다. 하지만 우리 몸은 무의식 영역을 감각적으로 느끼고 감지해 우리 몸이 처한 상황에 합당한 신체 반응을 일으킵니다. 우리 몸은 병균이 침입한 상황이 아니어도 끊임없이 반응합니다. 무의식적 심리 문제가 있는 상황에서도 병균의 침입 상황에 못지않은 증상을 보여줍니다. 우리에게 미리 조심하라는 일종의 '신호'를 보내줍니다.

자신도 모르는 우울증이 반복되거나 오래 지속되면 우리는 해야 할 일을 서서히 미루게 됩니다. 무언가를 결정하는 일을 버겁게 느낍니다. 선택을 미루면 이후의 행동도 늦춰지게 됩니다. 결국 하나둘 미뤄뒀던 일들을 한꺼번에 몰아서 처리하고 해결하느라 바빠집니다. 그러고는 자신을 자책합니다.

"내가 요즘 게을러졌네."

결코 게을러진 게 아닙니다. 자신이 우울한 것도 인지하지 못할 만큼 지쳐 있을 뿐입니다. 우울함을 인식해서는 안 된다고 스스로 다그치며 억압하고 있을 뿐입니다. 하지만 우리 몸은 우울함을 먼저 인지하고 반응합니다. 만약 몸이 보내는 우울증의 신호를 감지한다면 잠시 적극적인 쉼, 즉 '망각'의 시간을 가질 필요가 있습니다.

잊으면서 살아가기

자신도 모르게 멍하니 있는 시간이 늘어나거나 반대로 부산히 움직이다가 자신이 지금 무얼 하려고 자리에서 일어났는지를 우리 몸은 잊기도 합니다. 그동안 축적하기만 했던 기억의 저장고를 비우기 시작합니다. 기억을 유지하는 것은 에너지를 소진하는 일이기 때문입니다. 그런데 일상에서 기억이 사라지기 시작하고 반복되면 한 가지 걱정이 늘어납니다.

'이러다 나도 치매 오는 거 아냐? 요즘 40대에 치매인 사람들도 있다던데…'

하지만 너무 두려워할 필요는 없습니다. 무언가를 잊는 만큼 나를 찾기 위한 여백을 만드는 중이라고 생각하면 됩니다.

한번은 6학년 학생의 일기장에서 엄마의 기억에 관해 적은 내용을 발견하기도 했습니다.

"요즘 엄마가 자꾸 학원 끝나고 데리러 오는 걸 까먹어서 짜증 난다. 내가 전화해야 그제야 데리러 온다."

아이의 일기만 보면 밤늦게까지 학원에서 공부하느라 고생한 아이를 데리러 가는 것도 잊어버린 한심한 엄마로 보일 수 있습니다. 아이가 짜증 낼 만하다고 느낄 수도 있습니다. 아이 입장에서는 충분히 짜증 낼 수 있겠지요. 사춘기를 통과하는 6학년이면 더더욱 그럴 수 있습니다. 그런데 엄마 역시 마찬가지입니다. 마흔 즈음의 엄마라면 충분히 그럴 수 있습니다.

아이가 초등학교를 다니는 6년 내내 학교며 학원으로 아이를 데리러 갔다가 데리고 오기를 반복했습니다. 물론 아이가 성장하는 과정에서 행복감도 느꼈을 겁니다. 한없이 작기만 하던 아이가 어느새 초등학생으로 자라 가방을 메고 학교 정문으로 들어가는 것만 봐도 애틋함이 몰려왔었겠죠. 그래도 아이와 함께하는 모든 순간을 기억할 수는 없습니다.

마흔 즈음의 엄마들은 아이를 키우는 지난 10년 동안 엄마라는 '자아'의 자리에 '아이'를 채워 넣었습니다. 앞으로도 계속 '아이'를 채워 넣으면 '나의 존재감'이 사라지고 맙니다. 엄마도 '자아 존재감'이 있어야 살 수 있습니다. 기억을 잊을 수 있다면 급한 대로 잊는 것을 선택해야 합니다.

망각을 통한 거리감 회복

무언가를 잊는 행위는 심리적으로 상징성을 갖습니다. 특히 평소 나에게 아주 소중한 사람에 관한 분명한 사실들을 망각한다면 서로 적정한 거리감을 회복해야 합니다. 앞서 이야기한 아이의 엄마는 아이를 데리러 가야 한다는 기억을 망각했습니다. 하지만 아이에 대한 기억을 잊음으로써 그동안 소실됐던 '적정 거리'를 조금이나마 회복하려 안간힘을 쓰고 있는 것입니다. 그러니 괜찮습니다. 한심한 엄마라서 기억을 잊은 것이 아닙니다. 지금까지 너무 많이 에너지를 소진해서 그렇습니다. 잠시 아이에 관한 기억을 깜박 잊었던 순간만큼 '나'로 있었던 것입니다. 죄책감을 느끼기보다 '자아'의 공간을 회복하려는 '나'를 따스한 마음으로 대하길 바랍니다.

　수십 년간 기억에 관해 연구한 신경생물학자 이반 안토니오 이스쿠이에르두 Ivan Antonio Izquierdo는 《망각의 기술》에서 기억과 우리 자신의 관계에 관해 이렇게 설명합니다. "우리가 잊는 것이 결국 우리 자신을 만든다." 자아를 만들어가는 일은 자신의 마음속에 무언가를 채우며 본인을 증명하는 과정이 아닙니다. 나를 덮고 있는 가면, 즉 페르소나들을 벗겨내면서 저 깊은 바닥에 침잠해 있는 듯 존재하는 자신을 찾아가는 여정입니다. 간혹 나를 찾아가는 여정 속에서 많은 기억이 잔상으로 남아 우리를 혼란스럽게 만들기도 합니다. 기억 속에 머물러 있는 나를 진짜 나로 착각하기도 합니다. 그래서 '망각'은 우리에게 축복이기도 합니다. '자아'를 뺀 나머지 기억을 잊어버리게 만들어주니까요.

엄마가 아이의 이름을 부르는 만큼, 누군가 엄마의 이름을 불러줘야 합니다. 하지만 시간이 갈수록 엄마의 이름을 불러주는 사람이 점점 없어집니다. 하지만 우리 몸은, 우리의 무의식은 사람들 틈에서 서서히 사라져간 내 이름의 자리를 되찾기 위해 다른 것들을 지워내기도 합니다. 마흔 즈음을 지나는 시기, 진짜 나의 이름이 불리는 기회를 만들어보길 응원합니다.

내가 던진 투사 회수하기

던질 투, 궁술 사

심리적 방어 기제는 다양합니다. 억압repression, 반동형성 reaction formation, 투사projection, 퇴행regression, 승화sublimation, 부정 denial, 합리화rationalization 등이 있습니다. 그중 마흔 즈음을 지 나는 시기에 눈여겨볼 방어 기제가 있습니다. 바로 '투사'입 니다.

투사投射를 한자 그대로 해석하면 '화살을 날렸다'라는 뜻 입니다. 일종의 보이지 않는 심리적 화살을 말합니다. 화살 이라 하니 맞으면 무척 아플 것 같습니다. 투사의 영어 단어 인 'projection'의 어원을 따져보면 무언가를 '앞으로 내던지 다'라는 의미를 담고 있습니다. 심리적으로 볼 때 상대방이 무엇을 던졌다는 것일까요? 얼마나 많은 사람이 투사를 하 기에 심리 용어로 굳어진 걸까요?

내 것이면 안 되는 수치감들

누구나 내면에 감추고 싶은 욕망이 있습니다. 겉으로 드 러나면 수치스운 감정과 생각도 있습니다. 하지만 우리는 자기 내면에 숨겨진 것이 있다는 사실을 인정하지 못합니다. 그런 잔재들이 자기 내면에서 비롯된 것이 아니라, 외부(타인)로부터 온 것이라고 여기며 원인을 바깥으로 던져버립니다.

아이들이 말하는 모습을 보면 쉽게 이해할 수 있습니다. 사춘기를 겪고 있는 수지라는 5학년생이 있었습니다. 어느 날부터인가 수지는 희선이라는 학생에 대한 나쁜 소문을 만들어 퍼뜨리기 시작했습니다. 하지만 소문은 사실이 아니었습니다. 대부분 지어낸 이야기에 불과했습니다. 수지를 불러 왜 그런 소문을 만들어서 퍼뜨렸는지 물어봤습니다. 수지는 자신에겐 잘못이 없다는 식으로 대답했습니다.

"희선이가 아무 이유도 없이 자꾸 나를 무시하듯 기분 나쁘게 쳐다보잖아요. 걘 원래 그렇게 다른 애들 무시하는 애 맞아요."

물론 수지 입장에서는 정말로 희선이가 자신을 기분 나쁘게 쳐다봤다고 느낄 수 있습니다. 희선이의 눈빛을 느끼며 무시당했다고 생각할 수 있습니다. 그런데 수지는 왜 희선이의 눈빛을 기분 나쁘게 느꼈을까요?

　방어 기제인 투사를 적용해 해석해보면 사실 희선이를 평소 기분 나쁘게 쳐다본 건 수지입니다. 희선이의 예쁜 외모와 인기, 좋은 학업 성적 등을 자신이 가진 것들과 비교하며 묘하게 좋지 않은 감정을 느끼고 있었습니다. 그런데 자신이 상대방을 기분 나쁘게 쳐다보고 있었다는 사실을 스스로 인정할 수 없었을 겁니다. 더 나아가 자신 안에서 나쁜 기분이 든다는 것 자체를 인정하기 싫었을 겁니다. 그래서 수지는 자신이 느끼는 감정의 원인을 상대 아이에게 던져버린 것입니다. 자신의 상황을 상대방에게 덮어씌운 것이죠.

　'쟤가 자꾸 나를 기분 나쁘게 쳐다보잖아요.' 이것이 바로 투사입니다. 자신이 누군가에게 좋지 않은 감정이나 심리적 역동을 느낀다면 자신 안에서 솟아오르는 감정이 상대방에게 투사되고 있는 건 아닌지 한 번쯤 의심해봐야 합니다.

많이 던질수록 피곤하다

　투사라는 방어 기제를 평소에도 자주 사용하는 사람은 심리적 에너지가 많이 고갈됩니다. 예를 들어 결혼 10년 차 부부가 있다고 합시다. 서로에 대한 감정이 이전 같지 않은 것이 자연스러운 일입니다. 하지만 깊은 내면의 무의식은 상대방을 향한 사랑의 감정이 이전 같지 않음을 인정하지 못합니다. 그럼 자신의 식어버린 사랑을 감추기 위해 투사를 시작합니다. 남편이 다른 여자를 만나고 있을지도 모른다고 의심하는 것이죠.

일단 의심은 자신의 상황을 정당화해줍니다. 남편이 다른 마음을 품었을지도 모르기 때문에 지금 자신의 사랑이 내면에서부터 식어가는 것이라고요. 사랑이 식었다는 사실의 정당성을 확보하기 위해 지속해서 남편을 의심합니다.

의심이 커지면 물증을 찾기 시작합니다. 카드 내역을 살펴봅니다. 아무것도 나오지 않아도 의심을 멈추지 않습니다. 투사가 한번 시작되면 의심을 확신으로 바꾸기 위해 계속 '증거'를 찾게 됩니다. 남편이 주도면밀하기 때문에 현금을 따로 가지고 있을지도 모른다고 생각해 남편의 가방을 뒤집니다. 뭔가 발견되기까지 찾아 들어갑니다. 작은 투사에서 시작된 의심은 편집증으로 이어집니다.

투사는 그 누구보다 자신을 지치게 만듭니다. 심지어 투사의 화살에 맞은 사람이 쓰러져 죽어도 계속 활시위를 당깁니다. 투사의 습관을 만성질환처럼 방치하면 심리적으로 삶의 품격이 떨어집니다. 자신을 괴롭히는 부정적 투사를 일단 멈추고 자신을 객관화해 의식적으로 분석해야 합니다.

투사는 왜곡된 모습으로 던져진다

지금 자신이 심리적으로 겪는 상황을 타인에게 투사하고 있는지를 판단하려면 나 자신을 타인의 관점에서 객관적으로 분석해야 합니다. 대부분 왜곡된 모습을 상대방에게 투사하기 때문입니다. 심리적 수련을 거치지 않은 사람에게는 굉장히 어려운 과정입니다. 가장 안타까운 투사의 예는 엄마가 자녀에게 수치심을 던져버릴 때입니다.

"네가 그렇게 먹으니 살이 찌는 거야."
"너는 성격이 어쩌면 그렇게 제멋대로냐?"

마흔 즈음 엄마들은 아이가 유독 말을 안 듣는다고 느낍니다. 투사의 관점에서 보면 지난 10년간 엄마로서 정말 많이 고생했는데, 모두 아이 때문이라는 생각이 들면서 자꾸

미워지고 화가 납니다. 하지만 사랑스러운 아이를 두고 부
정적인 마음을 가질 순 없겠죠. 결국 엄마는 투사를 선택합
니다. 아이가 말도 듣지 않고 미운 짓을 한다고 생각하면, 지
금 현재 자신이 '화를 내는 것'을 정당화할 수 있으니까요.

마흔 즈음이 된 시기, 우리 아이가 이전과 달리 말을 듣지
않고 자신을 화나게 한다면, 엄마로서 많이 힘들고 지쳐 있
다고 생각하길 바랍니다. 그리고 불필요한 투사를 거둬들이
고 자신에게 얘기해주길 바랍니다.

"아이 낳고 지난 10년간 고생했는데, 지치고 화날 만하지.
괜찮아. 아무리 자식이라도 무한정 퍼줄 수는 없잖아. 당분
간은 나를 좀 쉬게 하자."

자신이 던진 투사를 회수하려면 나부터 아끼고 돌봐야 합
니다. 자녀에게 수치심 같은 왜곡된 모습을 던질 만큼 힘들
었을 자신을 안타깝게 여기는 겁니다. 잘 먹고, 푹 자고, 따
듯한 물에 몸을 푹 담그고 내면의 자신을 보듬어주세요.

괜찮습니다. 엄마도 자녀에게 무언가를 던질 만큼 약해질
때가 있습니다. 자녀에게 투사를 했다는 것만 스스로 인식

해도 투사를 '회수'할 수 있습니다. 자녀를 위해서가 아닙니다. 나를 위해서입니다. 타인에게 무언가를 던지느라 지친 나를 쉬게 해주길 바랍니다. 더는 타인에게 무언가를 던지지 않아도 괜찮습니다.

엄마는 콤플렉스가 많다

아빠 배는 건들지 않았으면…

초등학교 겨울방학을 마치고 개학하는 날이면 아이들이
훌쩍 자라서 옵니다. 제가 키운 것도 아닌데, 훌쩍 자란 아이
들을 보고 있으면 마냥 뿌듯해집니다. 밥만 잘 먹어도 쑥쑥
크는 아이들의 성장기는 우리 엄마 아빠의 마흔 즈음 모습
과는 무척 다릅니다. 엄마 아빠는 밥을 최소한으로 먹어도
배만 나오는 마흔입니다.

솔직함이 무기인 중2 딸이 마흔 중반의 아빠에게 다가와
묻습니다.

"아빠 배는 몇 개월이야?"
"음… 곧 출산이야."

좀 어여삐 여겨달라는 듯 불쌍한 표정으로 대답해줍니다.
쭈뼛쭈뼛 대답한 아빠는 '뭐, 그 정도까지는 아니야' 정도의
대답을 기대하지만, 딸은 연민이라고는 찾아볼 수 없는 '팩
트폭격'을 날립니다.

"그래? 그럼 쌍둥이가 틀림없어."

요즘엔 어쩜 그렇게 다들 날씬하고 세련되게 꾸미고 다니는지요. 그 모습을 보고 있으면 자기 관리를 제대로 하지 못하는 자신에 대한 죄책감과 열등감이 살며시 올라옵니다. 그러면서 다시 한번 의지력을 갖고 살을 빼야겠다고 다짐하지요.

콤플렉스

누구에게나 콤플렉스complex는 있습니다. 일반적으로 콤플렉스는 타인에 비해, 특히 나와 가까이 있는 주변 사람들에 비해 부족하거나 뒤떨어졌다고 느끼는 감정이나 고착화된 생각 또는 의식을 말합니다. 대부분 사람들은 '학력 콤플렉스'나 '외모 콤플렉스'를 갖고 있다고 쉽게 말합니다. 이때의 콤플렉스는 '열등감'으로 해석됩니다.

사람들은 열등감, 혹은 콤플렉스를 극복하기 위해 자신에게 부족하다고 생각하는 부분을 채워가는 방식으로 해결합니다. 학위를 취득하거나, 운동과 식이조절을 통해 신체를 가꾸려고 노력합니다. 하지만 모든 콤플렉스가 단순히 결핍을 채운다고 해서 해결되지는 않습니다. 특히 엄마들이 겪는, 엄마라는 이름 때문에 마주해야 하는 콤플렉스는 '열등감'보다 좀 더 복잡합니다.

정신분석(심층심리) 측면에서 이야기하는 콤플렉스는 단순히 부족하거나 뒤떨어진 무언가에 대한 고착에 머물지 않습니다. 콤플렉스라는 영어 단어의 본래 의미처럼 '복합적複合的'이죠. 최소 두 개 이상의 어떤 관념 또는 욕구, 욕망이 뒤엉켜 있습니다. 그중 억압된 감정이나 관념이 들어 있기 마련이죠.

아주 단순한 예를 들어보죠. 엄마가 아이를 위해 맛있는 음식을 준비합니다. 물론 엄마도 평소에 즐겨 먹는 음식입니다. 그런데 준비한 음식의 양이 충분하지 않습니다. 결국 엄마는 자신의 몫을 아이에게 양보합니다. 엄마의 감정이나 욕구는 복합적으로 작용합니다. 사실 엄마도 먹고 싶지만, 식욕보다는 '좋은 엄마'가 되고 싶은 마음이 더 큽니다. 자신의 식욕 정도는 쉽게 포기할 수 있습니다. 여기까지는 그럭저럭 괜찮습니다.

그런데 시간이 지날수록 양보해야 할 일들이 빈번하게 발생합니다. 엄마이자 아내는 늘 양보하는 사람이 됩니다. 아이도, 남편도 배려의 대상일 뿐이지 그들로부터 배려를 받고 있지 못하다고 느낍니다. 엄마의 마음은 복잡(콤플렉스)해집니다.

"언제까지 착한 엄마, 좋은 아내 역할을 하고 있어야 하나?"

콤플렉스해지는 주된 원인

마음이 복잡해지는 순간, 즉 콤플렉스는 현실적 자아와 이상적 자아의 균형을 이루지 못한 채 이상적 자아를 '절대화'하는 과정에서 발생합니다. 절대화 과정 속에서 이런저런 규정들을 만들어내죠.

"엄마는 자녀에게 양보해야 한다."
"엄마는 자녀에게 늘 좋은 음식을 먹여야 한다."
"엄마는 자녀에게 화를 내면 안 된다."
"엄마는 자녀에게 늘 다정한 모습을 보여야 한다."
"엄마는 자녀를 위해 희생해야 한다."

"엄마는 자녀를 위해 자신의 시간을 기꺼이 내줘야 한다."

"엄마는 자녀를 위해 자신의 공간을 포기해야 한다."

…

이상적 자아를 절대화하는 순간, '좋은', '착한'이라는 이름의 단서가 붙기 시작합니다. '좋은 엄마', '착한 엄마', '좋은 아빠', '착한 아빠', '좋은 아들', '착한 아들', '좋은 딸', '착한 딸'… 대부분 이상적 자아를 절대화한 표현입니다.

이상적 이름을 얻기 위해 고군분투하고 있다면 자신이 매우 '콤플렉스(복잡)'한 상황이라고 판단해도 됩니다.

콤플이 아닌 심플로

지금껏 많은 타인이 자상한 말투로 우리를 설득해왔습니다.

"넌 참 착한 아이로구나."

우리는 이상적 이름처럼 자라려고 애썼고 지금은 착한 엄마, 좋은 엄마가 되기 위해 서 있습니다. 이제 눈앞의 콤플렉

스한 상황을 다시 조정할 시간입니다. 콤플렉스한 상황이
지속된다면 자기 욕구를 잃어버리고 맙니다. 자기 욕구를
표현해보세요. 심플(단순)해지고 건강해질 겁니다.

　"엄마도 그거 좋아한다."

　"엄마도 쉬는 시간이 필요하다."

　"엄마도 혼자 넷플릭스 보는 거 좋아해."

　"엄마도 내 방이 필요해."

　"엄마도 좋은 차 한번 몰아보고 싶구나."

　'심플렉스simplex'해지면 단순하고 자유로워집니다. 오늘
자신을 자유롭게 해줄 '심플렉스 리스트'를 작성해보길 바
랍니다.

콤플렉스해지면 복잡하고 무거워집니다.
자기 욕구를 표현해보세요. 심플해지고 건강해질 겁니다.

내면 아이와 놀기

아빠의 장난감

아빠들은 장난감을 무척 좋아합니다. 자동차를 사는 것도 비슷한 이유입니다. 분명 일주일 전에 중고 자동차를 샀는데, 중고차 사이트를 또 뒤져 차를 구경합니다. 그러면서 언제쯤 또 새로운 장난감으로 갈아탈지 즐거운 상상에 빠집니다. 어떤 아빠들은 골프채를 삽니다. 방금 산 자동차에 방금 산 골프채를 싣고 다니기도 합니다. 어떤 아빠들은 자전거를 삽니다. 전문가용 자전거는 바퀴 하나 가격이 소형 중고차 정도는 됩니다. 엄마들은 잘 모릅니다. 그저 아이 아빠가 몇십만 원 정도 하는 자전거 하나를 샀나 보다 합니다. 어떤 아빠들은 캠핑 장비를 수집합니다. 심지어 어떤 아빠는 남들이 힘들게 하나씩 모으는 장난감을 전부 가지고 놀기도 합니다. 자동차에 캠핑 장비를 싣고, 자동차 루프에는 자전거를 올리고, 골프장 로커에 골프채를 가득 채웁니다. 그러고는 엄마에게 핑계를 댑니다.

"이게 다 비즈니스고, 우리 가족을 위한 거야."

하지만 분명하게 선을 긋고 가야겠습니다. 아빠들이 가족 몰래 사들이는 것들은 혼자서 갖고 노는 장난감일 뿐입니다. 아빠들은 언제든 아이처럼 갖고 놀 장난감을 준비합니다. 장난감들을 꺼내고 부수고 조립하고 다시 채우기를 반복합니다. 언제까지 그러느냐고요? 나이 들어 힘이 다 떨어질 때까지요. 시간이 흘러 퇴직할 때쯤이면 한 가지 더 추가됩니다. 바로 등산 장비입니다. 심지어 등산 장비만 보면 네팔 안나푸르나도 거뜬히 다녀올 수 있을 정도입니다.

엄마의 내면 아이

누구에게나 '내면 아이'가 있습니다. 마흔 즈음의 엄마가 20대 연인이 등장하는 드라마를 보면서 울기도 하고 웃기도 하는 경우가 있습니다. 똑같은 감정을 느끼기 때문입니다. 소녀의 감성이 묻어 있는 소설이나 에세이를 보며 가슴 설레거나 울적해하기도 합니다. 엄마들의 내면 아이는 누군가와 함께 노는 것을 원합니다.

반면 아빠들의 내면 아이는 물건을 가지고 놀기를 원합니다. 아빠들도 친구들과 만나서 관계를 맺으며 노는 것 같지만, 엄밀히 따져보면 그저 각자 자기 장난감을 가지고 함께 모인 것뿐입니다. 아빠들은 장난감이 없으면 잘 모이지 않습니다. 장난감 없이 모일 때는 장난감 대신 술이 목적일 때가 많습니다.

엄마들은 다릅니다. 아빠들의 장난감 같은 것이 없어도 그냥 모일 수 있습니다. 술 한 방울 마시지 않아도 커피 한잔이면 반나절도 놀 수 있습니다. 아빠들은 이해하지 못합니다. 심지어 마흔 즈음 아빠가 동년배 친구와 영화 보고 커피 마시고 밤 늦게 들어왔다고 말하면, 아무도 믿지 않을 정도니까요.

마흔 즈음의 엄마들도 내면 아이가 놀 수 있도록 뭔가를 가지는 것이 좋습니다. 정신분석에서는 상처받은 내면 아이를 자각한 후 아이를 놓아주고 어른으로서의 자아를 찾아 독립하는 과정을 돕습니다. 하지만 모든 내면 아이와 헤어지고 독립해 어른이 될 필요는 없습니다. 가능하지도 않습니다. 네버랜드를 꿈꾸며 성장하지 않는 피터팬은 우리 안에 늘 있기 마련이니까요. 각자 마음속에 숨은 내면 아이가 언젠가는 어른이 되기를 바랍니다. 그리고 적어도 어른이 되기 전까지는 나름대로 심심하지 않은 '놀이'를 갖는 것이

좋습니다. 적어도 '즐거운 내면 아이' 상태로 머물도록 말이
지요.

초등 자녀를 둔 많은 엄마가 자신의 장난감을 점차 잃어
갑니다. 안타까운 일입니다. 가끔 친구들을 만나 수다를 떨
어도 각자의 환경과 상황이 너무 달라서 자주 만날 수도 없
습니다. 육아뿐만 아니라 자녀 교육 관련해 신경 쓸 것이 너
무 많습니다.

사소한 것 하나도 결정하지 못할 만큼 많은 일을 해야 하
지만 모두 스스로 해내야 합니다. 그렇다고 아빠들처럼 비
싼 장난감을 가지고 혼자 노는 것도 그다지 좋아하지 않습
니다. 엄마의 내면 아이는 대부분 자녀를 자신의 '장난감'으
로 선택합니다. 엄마의 내면 아이가 가지고 놀 장난감은 아
이들에 대한 불안이 주를 이룹니다. 하지만 아이는 학년이
올라갈수록 엄마의 장난감이 되길 거부하고 엄마는 더 힘들
고 외로워집니다.

엄마의 내면 아이를 위한 장난감

마흔 즈음 엄마의 내면 아이에겐 장난감이 필요합니다.

지금껏 내면 아이는 제대로 놀지도 못하고 혼자 오랜 시간을 기다렸습니다. 심지어 우울할 지경입니다. 아빠들처럼 어떤 '물건'을 놀이의 대상으로 정하는 경우는 많지 않습니다. 엄마에게는 친구를 만나 이야기를 나누는 것이 좋은 놀이입니다. 누군가와 관계를 맺고 소통하고 교감하는 것을 무엇보다 즐깁니다. 하지만 안타깝게도 그 친구가 장난감처럼 항상 내 옆에 있어 주지 못한다는 것이 단점이죠.

저는 개인적으로 마흔 즈음 엄마의 내면 아이가 놀 수 있는 공간으로 SNS 플랫폼을 추천합니다. 인스타그램, 페이스북, 블로그, 브런치, 메타버스 가상공간 등과 같은 공간에서 자신의 내면을 표현하는 글과 사진을 공유하면서 내면 아이가 놀 수 있게 해주길 바랍니다.

처음에는 자신의 SNS에 아무도 관심을 갖지 않을 수 있습니다. 괜찮습니다. 하지만 어느 순간, 댓글이 달리고 공감 표시가 뜨면서 작은 관계들이 시작됩니다. 그때까지 기다리기 어렵다면, 다른 사람의 블로그, 브런치, 페이스북, 인스타그램에 들어가 공감을 표현하는 사람들에게 댓글로 자신의 생각을 털어놓으면 됩니다. 10대 여자아이들이 SNS에 빠지는 것도, SNS가 관계를 맺는 놀이터 역할을 하기 때문입니다.

간혹 제 생각에 반대하는 어머니도 있습니다. '나보고 지금 인터넷 SNS 중독에 빠지라는 거야?' 그렇지 않습니다. SNS 공간에서 얼마든지 관계 맺기라는 놀이를 할 수 있다는 의미입니다. 마흔 즈음 엄마의 내면 아이가 관계를 맺으며 놀 수 있는 자신만의 공간을 찾아보길 바랍니다. 급하게 생각하지 않아도 됩니다. 자신의 적성과 감성에 어울릴 뿐만 아니라 평소 이상적으로 생각하던 소셜 네트워크 공간을 만들어놓은 사람들을 SNS에서 얼마든지 찾을 수 있습니다. 팔로우해보고 팬덤 무리에 함께 어울리며 '좋아요'를 눌러보길 바랍니다.

덕후가 돼도 좋습니다. 잠시 즐겁게 놀다가 다시 엄마 위치로 돌아와도 됩니다. '나이 마흔에 덕질이라니…'라고 생각하지 않아도 됩니다. 마흔 즈음 엄마의 내면 아이는 아직 열일곱 살 시절의 놀이를 원할 수 있습니다. 내면 아이가 원하는 대로 잠시 논다고 해서 잘못될 것은 없습니다. 내면 아이가 아직 어른이 되기 전까지, 마음껏 놀 시간과 공간을 좀 마련해주길 바랍니다. 내면 아이도 나입니다. 마흔의 '나'만 내가 아닙니다.

니체는 《차라투스트라는 이렇게 말했다》에서 이런 말을

남겼습니다. "나는 그대들에게 정신의 세 가지 변신에 대해 말했다. 어떻게 정신이 낙타가 되고, 낙타는 사자가 되며, 사자는 아이가 되는지를." 저도 사실 어떻게 정신이 낙타가 되고, 낙타가 사자가 되는지를 잘 모릅니다. 그러나 사자가 어떻게 아이가 되는지는 알고 있습니다. 내면 아이가 즐겁게 가지고 놀 수 있는 장난감을 주면 됩니다. 지금껏 아이 낳고 학부모가 되기까지 마땅한 장난감 하나 없이 애쓰셨습니다. 마흔에는 장난감 하나쯤 가져도 됩니다. 당장 스마트폰을 열고 당신의 관계 지향 놀이 욕구를 채울 수 있는 앱을 찾아 보세요.

잃어버린 엄마를 찾아서

엄마를 잃어버린 경험들

이탈리아의 한 마을에 마르코라는 소년이 있었습니다. 나이는 열두 살, 한국으로 치면 초등 5, 6학년 정도 된 아이입니다. 아이의 가족은 아버지, 어머니, 형과 함께 소박하게 살아가고 있었습니다. 그런데 가난에 힘겨워하던 엄마가 먼 나라 아르헨티나로 일을 하러 떠납니다. 마르코는 엄마가 간간이 보내주는 편지를 받고 안도하며 하루하루를 보냈습니다. 그러던 중 언제부턴가 엄마의 편지가 도착하지 않습니다. 어린 마르코는 이탈리아를 떠나 머나먼 아르헨티나로 엄마를 찾아 나서기로 결심합니다.

일본 후지TV 제작, 다카하다 이사오 연출의 〈엄마 찾아 삼만리〉라는 작품입니다. 초등학교에 입학하기 전, TV 앞에서 애잔한 마음으로 시청했던 기억이 있습니다. 너무 어린 시절이라 내용 자체는 특별히 기억나지 않지만, 꽤 심각하게 감정이입을 하며 아이가 꼭 엄마를 만나게 해달라고 소원을 빌었던 제 모습이 떠오릅니다.

엄마를 잃어버리는 경험은 아이에게 그 자체만으로 '죽음의 공포'에 가까운 충격을 줍니다. 그런데 꼭 엄마와 헤어지거나 엄마가 죽어야만 엄마를 잃어버리는 경험을 하는 건 아닙니다. 아침마다 어린이집에 가고 싶지 않다고 엄마 품에 안겨 떼를 쓰는 아이들의 '분리 불안'도 아이에겐 충격을 줍니다. 이처럼 작고 소소한 분리의 순간들 속에 아이들은 공포를 마주합니다. 분리에 대한 거부가 바로 애착이 지닌 큰 부작용 중 하나입니다.

어린 시절 자신의 의지와 상관없이 며칠 동안 혹은 몇 개월 동안 할머니 댁에 맡겨졌던 기억, 난생처음 보는 어린이집 선생님에게 안긴 채 어린이집에서 온종일 엄마를 기다렸던 순간, 놀이공원에서 엄마를 잃어버리고 사람들 속에서 헤맸던 기억, 잠에서 깼는데 아무도 없는 집에 혼자 덩그러니 남아 있던 기억… 그 모든 순간은 엄마를 영영 만날 수 없을지도 모른다는 두려움, 공포, 절망이 내재된 아픔으로 아이의 내면에 남아 있습니다.

심지어 엄마와 전혀 떨어져 있지 않은 상황에서도 엄마를 잃어버리는 상실감을 경험하기도 합니다. 가정 형편의 어려움, 엄마의 과도한 종교 생활, 엄마의 일상적 우울과 분노, 부모 사이의 다툼과 폭력 등을 생활 속에서 자주 접하거나 엄마로부터 심리적으로 소외된 아이는 몸은 엄마와 함께 있어도 상실감을 경험하게 됩니다.

엄마를 잃어버린 경험은 〈엄마 찾아 삼만리〉의 소년 마르코가 그랬던 것처럼 심리적 여정을 시작하게 합니다. 상실감으로부터 시작한 심리적 여정은 타인에 대한 애착 욕구를 한없이 자극합니다.

애착 대상 부재

엄마를 잃어버렸다는 것은 애착 대상의 상실을 의미합니다. 상실의 기억은 멈추지 않는 애착 욕망을 일으킵니다. 그러면 아이는 상실된 엄마의 자리를 끊임없이 갈망합니다. 누군가가 엄마의 위치를 채워주길 바라며 마땅한 사람을 찾아 지속적으로 떠납니다. 하지만 자신의 상실감을 채울 만한 사람을 만났다고 해도 심리적 여정을 멈추지 않습니다. 아직도 엄마를 만나지 못했음을 증명이라도 하듯 집요하게 여러 정황을 따져보고는 다시 엄마를 찾아 떠나게 됩니다. 이제부터는 엄마를 찾는 게 중요하지 않습니다. 애착 대상의 상실과 갈망, 심리적 여정이라는 반복된 패턴을 인지하고 멈추는 과정이 필요한 시기를 맞습니다.

엄마를 이해하게 되는 순간

잃어버린 엄마를 찾아 헤매는 여정을 멈추려면 둘 중 하나가 필요합니다. 하나는 엄마를 찾는 것보다 더 소중한 나의 여정, 즉 삶의 목적이나 내 존재감의 방향에 대한 욕망을 갖는 것입니다. 다른 하나는 엄마를 만나는 것입니다. 이때 엄마를 만난다는 의미는 상실할 수밖에 없었던 원인을 이해하게 됐다는 것과 같습니다.

사람마다 겪는 상실의 경험에는 일관된 기준이 없습니다. 따라서 각자가 처한 상황에 맞는 내면의 퍼즐 조각을 맞춰서 그림을 완성하면 됩니다. 이러한 과정을 심리학에서는 '타인을 이해하게 되는 순간'이라고 부릅니다.

'엄마가 그때 그런 눈빛으로 나에게 무관심했던 것은 엄마의 우울 때문이었구나. 내가 싫어서 그런 게 아니었구나.'

'엄마가 나를 입양원에 보냈던 것은 지독한 가난 때문이었구나. 그나마 내가 굶지 않게 하려고 그런 선택을 한 거였구나.'

'엄마가 잠시 나를 할머니 댁에 맡겨놓았던 것은 아빠의

외도 때문에 혼자만의 마음 정리 시간이 필요했던 거였구
나. 나를 버리려고 했던 게 아니었구나.'

'엄마가 아빠와 이혼한 뒤에 새로 시집을 간 것은 엄마 혼
자 쫓겨난 상황에서 먹고살기 힘들어서 그랬을 수 있겠구나.'

'엄마가 매일 밤샘 기도를 다녀오고 낮엔 나를 잘 챙겨주
지 못했던 것은 그렇게라도 어딘가에 의지하지 않으면 살아
가기 힘들 만큼 심신이 미약했기 때문이구나.'

모든 상실에는 이유가 있습니다. 상실의 본질적 이유를
알아내는 순간 타인을 이해하게 됩니다. 물론 이해를 한다
고 해서 용서까지 할 수 있다는 건 아닙니다. 당시에 아팠던
마음이 치유되는 것도 아닙니다. 하지만 상실의 이유를 아
는 것만으로도 '엄마 찾아 삼만리'의 여정을 멈출 수 있습니
다. 누구도 완벽할 수 없기에 '어쩔 수 없었다'라는 작은 변
명이 큰 힘을 발휘하는 위로가 됩니다.

출발에 앞서

트라우마 치료 전문가이자 정신건강의학 전문의 찰스 화

이트필드Charles L. Whitfield는《엄마에게 사랑이 아닌 상처를 받은 너에게》에서 마음을 치유하는 과정을 두고 이렇게 말합니다. "치유의 가장 심오한 원칙 가운데 하나는 '쉬엄쉬엄 가자!'라는 말에 그대로 나타나 있다. 완벽하게 치유될 때까지는 오랜 시간이 걸린다."

지금 여러분은 잃어버린 엄마를 만나셨나요? 여전히 심리적 여정을 지속하고 있나요? 꼭 애착 대상을 찾고 상실감을 채워야만 성장하는 것은 아닙니다. 언젠가 엄마라는 위치의 상실감을 채우기 위한 여행을 끝내길 바랍니다. 진정한 홀로서기는 결핍을 채우기 위해 애써 이루려하기보다 결핍된 상황을 인지하고, 채워지지 않는 상실감을 채우려 애쓰는 것을 멈출 때 시작됩니다. 그때부터 자신의 삶을 걸어가는 어른이 됩니다. 마흔이라는 시기는 상실감을 채우려 애쓰는 걸 멈추기 딱 좋은 시기입니다.

나의 여정, 즉 삶의 목적이나
내 존재감의 방향에 대한 욕망을 가져야 합니다.

Chapter 3.

직면하기

마흔, 다시 홀로서기

*

엄마도
고독이 필요합니다

고통에 의미 부여하지 않기

잘못된 신념

친구 관계로 어려움을 겪던 한 아이가 상담 중에 엄마에게 들었던 말을 꺼냈습니다.

"엄마가 그러는데요. 지금 친구들이 날 괴롭히고 힘들게 하는 건 나중에 찾아올 더 큰 어려움에도 견딜 수 있게 하나님이 저를 단련시키는 거래요."

정말 미칠 노릇입니다. 담임교사로서 부모의 종교적 신념을 가지고 뭐라 말할 수는 없습니다. 하지만 아이의 상황을 더 나쁘게 만들지도 모를 부모의 무책임한 말을 듣고 있으면 교육자로서 가슴이 꽉 막힙니다. 아이의 미래도 좀처럼 보이지 않습니다. 어쩌면 아이는 평생 고통이나 시련을 마주하며 모두 하나님의 뜻이라고 생각하면서 현재 상황을 개선하려는 의지 없이 머물러 있을 게 뻔합니다. 한번 심리적 속박에 묶여버리면 어지간해서는 벗어나기 힘듭니다.

아이가 고통받는 상황에 섣불리 해석을 덧붙이거나 과도한 의미를 부여하면 아이는 평생 심리적 감옥에 갇혀 살지도 모릅니다. 고통에 의미를 두는 순간 현재의 속박에서 벗어나기 어렵습니다. 고통에 의미를 부여하는 것은 고통을 주는 사람을 의인義人으로 만들 뿐입니다. 아이에게 상처를 주는 사람은 의인이 아니라 분리(단절)해야 할 대상일 뿐입니다.

지금껏 40여 년을 살아오면서 어떤 식으로든 고통에 의미를 부여한 순간들이 있다면 떠올려보길 바랍니다. 자신이 겪은 고통에 의미를 부여하도록 만든 사람이 있을 겁니다. 엄마가 자녀에게 고통이 '하나님의 뜻'이라고 전수해준 것처럼 말이지요. 간단한 해결책을 말씀드리겠습니다. 고통에 의미를 부여하고 받아들이게 만든 사람과 더는 가까이 지내지 마십시오. 바로 그 사람이 엄마일지라도 거리를 두는 것이 좋습니다.

물론 어린 시절에는 도저히 엄마를 떠날 수 없습니다. 곧 죽음을 뜻하니까요. 하지만 마흔 즈음은 다릅니다. 자신에게 고통도 의미가 있다고 알려준 대상으로부터 자신을 격리할 수 있습니다. 지금보다 조금만 더 거리 두기를 해보길 바랍니다. 그만큼 자유로워질 겁니다.

고통을 바라보는 시선

예술평론가 수전 손택Susan Sontag은 《타인의 고통》에서 고통을 둘러싼 우리 자신의 관계에 대해 말합니다. "당면의 문제가 타인의 고통에 눈을 돌리는 것이라면, 더는 '우리'라는 말을 당연시해서는 안 된다." 진정으로 타인의 고통에 눈을 두려면 지금껏 사용해온 '우리'의 틀에서 바라보지 말라는 의미입니다. 손택이 말하는 '우리'는 인터넷 기사에 실린 사진 속에서 고통받고 있는 사람을 바라보고 있는 독자를 말합니다. 어제도 비슷한 사진이 실렸고, 오늘도 비슷한 사진이 실렸고, 내일도 또 누군가 고통받는 사진이 실릴 겁니다. 누군가가 고통받는 사진을 바라보는 '우리'의 시선은 결국 그들과 우리는 아무런 관계가 없다는 결론에 이르도록 도와줍니다.

중간항로 시기에 외로움과 우울함이 더욱 극대화되는 이유는 '우리'의 시선으로 나 자신을 바라보게 만들기 때문입니다. 자신의 힘듦마저 그저 스쳐 지나가는 인터넷 기사 속 사진인 양 '우리라고 부르는 타인들'에 의해 읽히고, 스쳐 사라지는 소모적 시선에 머물기 때문입니다. 엄마로서 힘들

고, 아내의 위치에서 우울하고, 직장인으로서 아직 미완성
이고 어떤 식으로든 새로운 변화가 필요한 시기지만 '우리'
의 시선들은 모든 것과 일대일로 마주하는 관심을 드러내지
않지요.

'우리'의 시선에 나 자신을 맡기지 않으려면 혼자 있는 고
독을 의연하게 바라보는 자아自我를 갖춰야 합니다. 길 위에
혼자 서 있다고 생각해보세요. 많은 사람이 '우리'라는 이름
뒤에 숨어서 자신의 옆을 지나갑니다. 그들에게 기대려 하
지 말고 일단 가만히 서 있어보세요. 그리고 혼자서 찬찬히
한 걸음만 내디디면 됩니다. 내 의지로 첫걸음을 떼는 것입
니다. 잠시 후 또 한 걸음을 내딛습니다. '우리'의 시선에서
벗어나 스스로 한 걸음을 떼는 시간이 필요합니다. '우리'의
시선에 머무는 것이 안전하다고 생각지 말고, '나'의 시선으
로 세상을 바라보며 타자에게서 빠져나오려는 의식을 가져
야 합니다.

의미 부여는 오직 존재하는 '나'

엄마, 아내, 며느리, 학부모, 워킹맘 등 하루에도 몇 가지

역할을 소화하고 있는 나에게 누군가는 이런 위로의 말을
건네기도 합니다.

"누구나 그땐 다 그렇게 힘든 거야."

아닙니다. 당연하게 힘든 일은 없습니다. 힘들어 마땅한
시기도 없습니다. 원래 힘든 일이니까 그냥 받아들이라는
말은 타인이니까 할 수 있는 말일 뿐입니다. 고통에 의미를
부여하는 행동과 크게 다르지 않습니다. 고통을 감내하는
게 아니라 고통 속에서 나를 꺼내는 게 더 가치 있는 일입니
다. 이론물리학자 박권은 《일어날 일은 일어난다》에서 어떤
질문을 하느냐에 따라 우리가 마주하는 답이 달라진다고 말
합니다. "과학은 '왜why'가 아닌 '어떻게how'를 묻는다. 즉 우
리는 어떻게 존재하는가?"

찾을 수 없는 답을 향해 자꾸 '왜'라고 물으면 결국 거짓
의미를 만들어냅니다. 지금 자신이 겪는 고통에 '왜'라는 질
문을 던지면 거짓(상상적) 의미를 부여하게 됩니다. 반면 자
신이 마주하는 고통을 "어떻게" 타개할지 묻는 순간 현실을
마주하는 용기를 얻습니다. 고통에 의미를 부여하며 가만히

앉아 있기만 하면 그저 고통을 받아들이며 살아온 어린아이의 틀 속에 머물러 있을 뿐입니다. 두려움 앞에 물러서지 않고 나아갈 길을 찾으려 한 걸음씩 옮길 때 비로소 자아가 숨 쉬고 있음을 느낍니다.

마흔이라는 나이는 그동안 회피해왔던 두려움과 고통에 부여했던 '의미'를 과감하게 버릴 때입니다. 자신을 억눌러왔던 의미와 함께한 지난 40년의 세월은 결코 짧은 시간이 아닙니다. 이제는 자신을 고통에 머물러 있도록 만든 거짓된 의미 부여와 미련 없이 이별할 때입니다. 의미는 고통에 있는 것이 아니라, 존재하고 있는 '나' 자신에 있습니다.

고통을 감내하는 게 아니라 고통 속에서
나를 꺼내는 게 더 가치 있는 일입니다.

스스로 선택한 고독

외로움을 마주하는 시기

애착을 느끼는 관계들이 느슨해질 때 외로움이 밀려옵니다. 또는 애착 관계들이 자신의 의지와 상관없이 소원해지거나 심지어 거리감이 생길 때도 마찬가지입니다. 그러면 무의식 안에서는 새로운 애착을 갈망하고 찾으려고 시도합니다.

마음을 터놓고 이야기할 상대가 없을 때, 힘든 상황에 공감해주는 사람이 없을 때 극한의 외로움을 느낍니다.

어찌 보면 마흔 즈음이라는 시기는 아무도 모르게 '외로움'에 노출되는 시기일 수 있습니다. 엄마 말이라면 무조건 따르던 아이가 사춘기에 접어들면서 엄마와는 말도 섞지 않으려 합니다. 꿈같은 결혼 생활을 약속했던 남편은 직장 내에서 중간 관리자로서 갈등과 압박에 시달리며 아내에게 따스한 시선을 줄 여유조차 없습니다. 각자가 처한 상황은 다르겠지만, 마흔 즈음에 공통으로 겪는 외로움의 단면들은 비슷비슷합니다.

애착으로의 집착

성장하는 아이들에게 보이는 특징이 하나 있습니다. 문제 없이 잘 자라는 듯하다 어느 순간 '퇴행' 전조를 보일 때가 있습니다. 보통 동생이 생기거나 아직 마음의 준비가 되지 않은 상황에서 애착 대상과 분리해야 할 때 나타나는 일종의 회피 반응입니다. 자신이 할 수 있는 최선은 성장이 아닌 '퇴행'이라고 느낄 때 나타납니다. 이는 애착 관계를 되돌리기 위한 처절한 행동입니다.

퇴행을 선택한 마음의 근간에도 외로움이 깃들어 있습니다. 아이들은 자신의 외로움을 해결하려면 '애착 대상'인 엄마를 다시 붙들어봐야 한다고 절감합니다. 외로움을 느끼는 상황에서 애착 대상이 자신에게 시선을 주지 않는다면 어떤 선택을 하게 될까요? 자신이 보채기만 해도 관심 가져주고 돌봐주었던 더 어린 시절로 회귀하면 엄마가 다시 관심을 가져줄 거라고 생각합니다.

마흔 즈음의 시기에도 의식하지 않으면 자칫 애착 대상을 찾아 회귀(복귀, 퇴행)하는 모습을 보일 수 있습니다. 단, 반응 양식 면에서 조금 다릅니다. 성인이기 때문에 어린아이들처럼 더 어린 시기에 보일 법한 응석이나 떼쓰기 같은 퇴행을 보이지 않을 뿐이죠. 주로 감기 기운이 도는 정도의 몸살 증상을 떠올리면 됩니다. 무의식적으로 흔하게 나타나는 반응입니다. 마흔 즈음부터 자주 감기에 걸리고 잔병치레도 잦다면, '외로움'이 원인일 수 있다고 의심해보길 바랍니다.

스스로 선택한 고독

18세기 프랑스 혁명의 아버지라 불리는 장 자크 루소Jean Jacques Rousseau는 저술가로도 명성을 날렸습니다. 하지만 프랑스 정부의 명령으로 《에밀》을 압수당하고, 그에게 체포 명령까지 떨어졌습니다. 루소는 도피 생활을 이어가던 중에도 《고독한 산책가의 몽상》의 집필을 이어갔지만, 미처 완성하지 못하고 생을 마감합니다. 사회와 단절되고 혼자만의 시간을 견디는 과정에서 루소는 스스로 고독을 선택했습니다. 그의 말년은 고독 그 자체였습니다. "그들에게서, 또 모든 것에서 떨어져나온 나, 나 자신은 무엇인가? 바로 이것이 내게 남겨진 탐구의 주제다."

외로움이 타인에 의한 수동적 결정이라면, 고독은 주체적

으로 혼자 있음을 선택한 상태입니다. 의식적인 선택의 과
정이므로 퇴행의 모습을 띠지 않습니다. 그리고 자신에 대
한 진짜 문제에 골몰하게 됩니다. "나 자신은 무엇인가?"

여러분도 마흔 즈음에 겪는 외로움을 회피하기 위해 애착
대상으로 회귀하면서 삶의 소중한 시간을 소진하지 않길 바
랍니다. 스스로 선택한 '고독'의 시간은 40여 년 여정의 굴곡
과 애증과 고뇌를 스스로 되짚어가며 비로소 진정한 '나'를
만날 시간입니다. 의식적인 혼자 있음을 통해 진짜 나를 만
나길 응원합니다.

이방인이 된 느낌으로

이방인異邦人의 이미지는 '낯선 사람'입니다. 자신과는 다른
외모, 분위기 등으로 인해 쉽게 다가갈 수 없습니다. 아직 내
편인지 아닌지 분명히 알 수 없으니까요. 그래서 한 나라 안
에서 또는 민족 안에서 이방인은 주로 핍박을 받아야 했습
니다. 그들이 사회로부터 느끼는 첫 감정은 주로 섬에 머물
때 느끼는 '고립감'과 비슷합니다. 자신이 속한 사회 구성원
들에게 도움이 되고 안전한 사람임을 증명하기 전까지는 주

변과 거리를 두어야 했으니까요.

마흔 즈음에 느끼는 감정도 이방인이 느끼는 고립감과 비슷합니다. 오히려 이방인보다 감정의 동요가 더 클 수도 있습니다. 이방인이 아닌 엄마였음에도, 이방인이 아닌 아내였음에도 갑자기 주변 사람들로부터 서운함과 낯선 소외감을 느끼기 때문이지요.

'정말 저 사람이 내 남편이 맞나?'

'정말 내 아이 맞아?'

사람은 누구나 성장합니다. 성장 과정에서 의식의 변화를 경험합니다. 사실상 무언가를 자각하기 시작하고 의식이 변하면 이전의 나와는 다른 사람으로 성장합니다. 주변에서는 이방인으로 인식합니다. 하지만 우리의 의식은 자신이 이방인이 되는 과정을 인지하지 못합니다. 또 아직은 자신이 '소속감'을 버릴 만큼 성숙하거나 용감하지 않다고 생각합니다. 심지어 자신은 여전히 어른이 되지 못했다고 여기며 자신의 성장을 인정하려 들지 않습니다. 단지 이제 조금씩 자신을 자각하기 시작했을 뿐이라고 생각하죠.

체코의 소설가 보후밀 흐라발Bohumil Hrabal은 《너무 시끄러
운 고독》에서 스스로 선택한 고독의 삶에 대해 말합니다.
"그렇게 나는 스스로 소외된 이방인이 되어 묵묵히 집으로
돌아온다."

자신이 낯선 이방인처럼 느껴진다고 해서 자신이 이상해
졌다고 생각하지 않길 바랍니다. 그냥 평소처럼 오늘도 묵
묵히 집으로 돌아오면 됩니다. 이방인이 되었다고 느끼는
순간, 그때야말로 정말 고독할 준비가 돼 있다는 신호입
니다.

스스로 선택한 '고독'은
진정한 '나'를 만날 시간입니다.

나만의 은둔 장소 만들기

터널 속 랜턴처럼 우리에게 필요한 것

중학교 때 수학여행으로 기차를 타고 경주에 갔습니다. 경주까지 내려가는 여정은 한없이 신나는 시간이었습니다. 기차가 한참을 달리던 중 터널을 통과할 때였습니다. 갑자기 눈앞이 보이지 않을 정도로 열차 내부가 깜깜해졌습니다. 일순간 난리가 났습니다. 친구들은 장난으로 옆 사람의 얼굴을 때리고는 모르는 척 가만히 앉아 있기도 했습니다.

기차의 내부를 갑작스럽게 암흑으로 만든 터널처럼 예견되지 않은 상황은 혼란을 일으킵니다. 한동안 잊고 있던 내면의 개구쟁이 같은 욕구들이 솟아오르고 스스럼없이 행동에 옮기기도 하죠. 하지만 갑작스러운 터널의 등장은 그리 좋은 일만은 아닙니다. 혼돈과 무질서가 휘몰아치는 시간이기도 하기 때문입니다. 준비 없이 맞닥뜨린 터널은 혼돈과 욕망이 무질서하게 섞이면서 서로 상처를 남깁니다. 언젠가 자신에게 다가올 터널을 대비하는 과정이 필요합니다.

예견된 터널이라면 상황이 다릅니다. 터널을 경험한 친구들은 손에 랜턴을 하나씩 들고 있었습니다. 기차가 터널에 진입하자 각자 들고 있던 랜턴을 켰습니다. 그리고 불빛에 의지해 자신만의 영역을 만들었지요. 자신이 만들어놓은 불빛 범위 안으로 다른 친구의 주먹이 들어온다면 바로 누가 범인인지 알 수 있습니다. 친구 몰래 짓궂은 장난을 할 수 없게 됐죠. 단 몇십 초의 짧은 순간이었지만 암흑처럼 어두운 터널 속에서 아이들은 각자 자신만의 고유한 영역을 유지했습니다. 이러한 터널은 자신을 지키는 동시에 자신의 상황을 명확하게 바라보는 기회를 만들어줍니다. 그리고 터널 속에서 나 자신을 비추던 불빛은 나를 지켜주는 장막이 됩니다.

마흔 즈음의 터널은 생각보다 더 깊고 어둡습니다. 그래서 적어도 자신을 비추는 작은 랜턴 하나 정도는 반드시 가지고 있어야 합니다. 이때 랜턴 역할을 하는 게 바로 사색과 명상입니다. 침잠의 시간을 선사하는 음악 감상도 도움이 됩니다. 수많은 사람이 뒤섞여 있는 지하철에서도 잠시 사색의 시간을 가질 수 있습니다. 창밖의 모습들을 넋 놓고 바라보며 내면에 집중하고 몰두할 수 있습니다. 주변의 소음과 사람들의 부산한 움직임 속에서 고요히 사색에 잠기는 습관을 들이면 큰 도움이 됩니다. 책을 꺼내 한 소절씩 읽어나가며 몰두하는 순간, 복잡다단한 터널 속에서 랜턴을 켰을 때처럼 안정감을 느낄 수 있습니다.

화두를 찾아서

불교 선종禪宗 스님들이 주로 사용한다는 화두話頭 또한 터널 속 랜턴과 같은 역할을 합니다. 화두란 이야기의 첫머리를 의미하며, 관심을 집중시키거나 깊은 생각에 빠질 수 있는 단어 또는 이야깃거리를 말합니다. 길을 걷다가, 회사 일을 하다가, 설거지하다가 문득 단어 하나를 떠올리기만 하면 됩니다. 단어를 떠올리는 순간, 다시 나의 내면으로 회귀할 수 있습니다. 어떤 단어를 선택할지 잘 모르겠다면, 자신에게 던지는 질문을 화두로 시작하면 됩니다.

"나에게 가장 필요한 짧은 단어는 무엇인가?"

선종 스님들도 처음에는 스승으로부터 화두를 받는다고 합니다. 평생 수도 생활을 해나가며 풀어야 할 일종의 과제를 얻는 과정입니다. 평범한 일상생활을 해나가는 우리에게는 화두를 던져줄 스승이 없습니다. 누군가를 자신의 멘토로 삼으면 좋겠지만, 좋은 멘토를 둔 사람도 많지 않습니다.

누구나 성찰의 순간을 맞이할 수 있습니다. 성찰의 순간은 자연 속에서 발견할 수도 있고, 지나가는 노인이 흘리듯 던졌던 한마디에서 만날 수도 있습니다. 어떤 화두를 찾아 성찰할지 고민된다면 고민 자체를 화두로 삼아 시작해도 됩니다. 나에게 잘 어울리는 화두는 자신의 무의식이 누구보다 잘 알고 있습니다. 무의식은 자신의 욕망을 대변하는 숨은 자아이기 때문입니다. 욕망은 언제든 기회가 되면 겉으로 드러나기 마련입니다.

화두를 투망 던지기에 비교하기도 합니다. 낚시할 때 어부들은 물고기가 있을 거라고 생각되는 지점에 그물을 던집니다. 물고기 하나 없는 빈 그물을 거둬들이더라도 낙담할 필요는 없습니다. 어부들도 물고기가 잡힐 때까지 던질 뿐입니다. 그물을 던지는 횟수를 늘릴수록 물고기를 잡을 가능성은 커지니까요.

나만의 은둔소 만들기

지하철에서, 만원 버스에서, 길을 걷다가, 회사의 바쁜 업

무 중에 잠깐씩 갖는 사색의 순간은 나만의 작은 은둔소 역할을 합니다. 짧은 사색의 순간은 마흔 즈음의 혼돈을 겪고 있는 '나'를 되돌아보는 시간을 선사합니다. 좀 더 적극적인 방법도 있습니다. 사색의 공간을 만들거나 자신만의 공간으로 들어가는 것이지요. 일종의 동굴, 즉 은둔소입니다.

한 달에 단 하루만이라도 자기만의 공간에서 사색의 시간을 갖기를 권합니다. 특히 마흔 즈음이라면 더욱 은둔소가 필요합니다. 도심 속 조용한 호텔을 빌려 혼자 있는 시간을 가져도 됩니다. 아무것도 하지 않아도 좋습니다. 가급적 스마트폰도 내려놓으면 좋습니다. 한동안 읽던 책도 잠시 내려놓길 권합니다. 외부와 단절된 공간 속에서 가만히 있으면 됩니다. 그 속에 앉아 숨만 쉬고 있는 나 자신을 느끼면 됩니다.

은둔소에서 외부와 단절된 채 자신만의 사색의 시간을 갖기란 생각보다 쉽지 않습니다. 아무것도 없는 빈 공간에서 아무것도 하지 않은 채 혼자 있어본 경험이 없다면 더더욱 시작하기 어렵습니다. 그래도 괜찮습니다. 자신이 누릴 수 있는 시간만큼, 감당할 수 있는 시간만큼이라도 은둔소에 머물고 나면, 이전과 달리 조금이나마 충전된 나 자신을 느낄 수 있습니다. 그동안 타인의 시선 속에서, 바쁘게 에너지를 소진했던 나의 존재감을 다시금 만날 수 있습니다.

자신만의 동굴 속에 머물기로 했다면, 잠시라도 반드시 사색의 시간을 갖길 권합니다. 나만의 은둔소는 각자가 처한 상황에 따라 얼마든지 만들어낼 수 있습니다. 지금 우리 집 작은 방이 은둔소가 될 수도 있습니다. 마음치유 상담가 신기율도 《은둔의 즐거움》에서 자신만의 동굴을 자신만의 방식으로 정의하고 있습니다. "거친 세상의 풍랑을 막아주는 장막."

20년 전, 저는 거친 황무지에서 혼자 머물고 싶다는 생각에 티베트로 갔었습니다. 티베트의 한 노스님에게 부탁해 호숫가 동굴에서 열흘 정도 머물렀습니다. 낮엔 동굴 밖을 천천히 산책하고, 밤이면 동굴 속에 조그만 모닥불을 피워놓고 응시했습니다. 시간이 멈춘 공간에서 혼자 머물며 나와 가장 가깝게 만나는 경험을 했습니다. 그리고 자신만의 은둔소가 자신과 세상을 다르게 볼 수 있는 시간을 만들어준다는 것을 깨달았습니다.

자신만의 장막 속에서 단 하루만이라도 잠시 은둔하고 나온 사람은 세상을 다르게 보는 시선을 갖게 됩니다. 어제의

'나'가 아닌 다시 태어난 '나'로서 세상을 바라볼 수 있습니다. 세상에 나와 처음으로 바라본 세상을 다시금 경험할 수 있습니다. 두렵기도 하고, 기대감에 부풀기도 할 것입니다. 무엇보다 다시 태어난 자신을 느끼고자 한다면 엄마의 자궁 속처럼 세상과 완전히 단절된 채 아무것도 볼 수 없는 동굴이 필요합니다. 마흔 즈음이 된 시기, 자신만의 동굴을 적극적으로 찾아내어 잠시만이라도 그곳에 머무는 시간을 의식적으로 만들어보길 권합니다.

나에게 회귀하기

길목 위에서

오래된 동네를 찾아가면 골목마다 모퉁이가 나옵니다. 어떤 모퉁이를 돌면 막힌 길이 나옵니다. 또 어떤 길목에 들어서면 예상치 못한 장미꽃 덩굴을 가득 두르고 있는 담장을 만나기도 합니다. 낯선 모퉁이를 돌아 새로운 길을 만나는 시간은 긴장될 수 있고, 기대될 수 있습니다. 여행을 가는 이유는 낯선 길목을 마주할지 모른다는 기대감 때문이기도 하지요. 마흔의 모퉁이에 선 지금, 앞으로 마주할 길목 때문에 긴장되나요? 두려운가요? 기대되나요? 아니면 보나 마나 뻔한 여정일 거라 생각되나요?

많은 사람이 미래가 두렵다고 이야기합니다. 미래가 기대된다고 하는 사람도 있습니다. 지금도 이렇게 바쁜데 미래까지 신경 쓸 겨를이 없다고 말하기도 합니다. 그런데 많은 사람이 착각하고 있습니다. 자신이 미래를 생각하거나, 이야기하거나, 걱정한다고 알고 있겠지만, 인간의 무의식 속 시간이라는 개념에 '미래'는 없습니다. 그저 과거의 한 시점에 머무른 채 현재의 시간을 읽을 뿐입니다. 과거라는 필터링을 거쳐 미래를 말하는 것입니다. 예를 들어 현재의 시점에 텔레비전을 보면서 재방송을 틀어놓은 것과 같습니다. 방송 속에서 다루는 미래는 대부분 과거에 대한 이야기입니다. 또는 재방송을 틀어놓고 바라보고 있는 자기 자신에 대한 표현입니다.

미래에 대한 불안이나 기대감은 과거 속 어느 한 시점에 머물러 있는 경우가 많습니다. 그러한 관점에서는 중간항로의 방향을 설정하기 어렵습니다. 중간항로를 점검하는 것은 지금까지 지나온 길이 아니라 앞으로 가야 할 길의 목적을 찾는 과정입니다. 목적을 찾기 위해 지금껏 감춰두고, 억압하고, 회피했던 자아의 욕망을 살펴보려면 과거를 직시해야 합니다. 이때 고전 독서를 통해 그동안 살피지 못했던 자아를 돌아보면 큰 도움이 됩니다.

독서는 작가나 등장인물 같은 타인의 삶을 통해 자신을 돌아볼 수 있는 행위라 할 수 있습니다. 고전을 읽어야 한다고 해서 알아듣지 못하는 철학 용어로 가득한 책을 추천하진 않습니다. 중간항로를 진지하게 되짚는 용기를 가졌던 작가의 책이면 충분합니다.

나르치스인가 골드문트인가

자신의 내면을 들여다볼 수 있는 고전 한 권을 소개합니다. 독일의 문호 헤르만 헤세의 작품 《나르치스와 골드문트》입니다. 한국에서는 《지와 사랑》이라는 제목으로 알려지기도 했지요.

헤세는 열네 살의 나이로 당시 명문 신학교였던 '마울브론Maulbronn' 수도원에 입학합니다. 1년 뒤 그는 시인이 되겠다고 다짐하며 신학교를 뛰쳐나오지요. 《나르치스와 골드문트》는 마리아브론 수도원 입구에 대한 묘사로 시작합니다. 소설 속 배경이 되는 이 수도원은 사실상 그가 뛰쳐나왔던 수도원을 상징한다고 봐도 무방합니다. 작가의 회상이 소설 속에 집약돼 있다고 볼 수 있지요. 특히 시인이 되겠다며 뛰쳐나왔던 혼돈의 시기가 고스란히 담겨 있습니다. 글을 통해 작가 자신의 내면과 직면하는 과정을 거쳤던 것입니다.

헤세는 쉰세 살이 되던 해에 《나르치스와 골드문트》를 출간했습니다. 출간 시기를 따져보면 헤세가 40대를 거치면서 자신의 삶을 되돌아봤던 내용을 소설 속에 녹여냈다고 볼 수 있습니다. 지금 우리가 자아의 욕망을 되짚고, 원래 나아가고자 했던 과정의 목적성을 찾는 것처럼 말이죠.

《나르치스와 골드문트》에서 헤세는 자기 내면에 있는 두 가지 욕망을 두 인물로 묘사합니다. 의식 세계를 대표하는 지적인 인물 나르치스와 수도원을 나와 세상을 떠도는, 프로이트가 말하는 무의식 세계를 상징하는 인물 골드문트가 바로 그 두 사람이죠. 헤세는 자신의 욕망을 대변하는 두 인물에 '나르치스', '골드문트'라는 이름을 붙여줬습니다. 이름을 붙여주었다는 것은 자아의 욕망을 찾았고 직면했다는 의미입니다.

여러분의 나르치스와 골드문트는 누구인가요?

누군가 찾을 때는 '이름'을 부른다

마흔 즈음, 나 자신을 찾는 것은 내게 새로운 이름을 붙여주는 과정을 말합니다. 내 욕구와 욕망들을 조절하고 있는 나를 인식할 수 있을 때 나 자신에게 '이름'을 지어줄 수 있습니다. 결코 형이상학적이거나 추상적인 과정이 아닙니다.

자신에게 이름을 지어주는 일을 실천한 사람들을 우리 역사 속에서 만날 수 있습니다. 바로 조선 시대 선비들입니다.

역사평론가 한정주는 《호, 조선 선비의 자존심》에서 조선의 선비들이 자신에게 스스로 붙여준 이름 '호'에 대해 설명하고 있습니다. "호號를 살펴보면 그의 사람됨과 더불어 그 삶의 행적과 철학을 어렵지 않게 짐작해볼 수 있다. 더욱이 호는 그 사람의 내면세계(자의식)를 강렬하게 드러내고 있는 경우가 적지 않기 때문에, 그들의 뜻과 의지 역시 읽을 수 있다."

호는 단순히 이름을 의미하지 않습니다. '부르짖을 호'라는 한자 뜻처럼 울부짖을 듯이 크게 부른다는 의미를 내포하고 있습니다. 지금 우리가 마흔 즈음에 찾아야 할 자아의 이름도 누군가 아주 큰 소리로 불러줄 때 비로소 나 자신의 이름으로서 가치를 가집니다.

누군가를 찾아 헤맬 때면 보통 이름을 부릅니다. 자아도 마찬가지죠. 나를 찾기 위해서는 먼저 '나의 이름'을 불러줘야 합니다. 나의 이름을 오늘, 지금 만들어주세요. 어머니, 아버지가 불러준 이름 말고 타인이 나를 찾을 때 불러주길 바라는 이름을 지어주세요. 중간항로의 시기에 자아와 마주하며 새로 지은 이름은 아주 훌륭한 삶의 나침반이 될 수 있습니다.

°구원자는 없다

백마 탄 왕자님

마흔이 넘도록 어린아이로 남아 있는 이들에게는 특징이 있습니다. 바로 백마 탄 왕자님을 기다린다는 것입니다. 자신의 잃어버린 구두를 들고 누군가 갑자기 구원자처럼 나타나 손을 내밀어주기를 꿈꿉니다.

백마 탄 왕자님의 설정은 드라마에서 종종 재벌가의 아들을 만나는 장면으로 그려지기도 합니다. 그런데 심층심리 관점에서 봤을 때, 상상 속 '구원자'는 동화 속 왕자나 드라마 속 재벌 2세만을 의미하지 않습니다. 평소 자신과 가까운 사람 중 누군가가 자신의 바람대로 바뀌길 바라는 욕망의 투영체로 등장합니다.

"우리 엄마가 나를 좀 더 칭찬해주는 사람이었다면 좋을 텐데…"

"남편이 내 이야기를 좀 자상하게 잘 들어주는 사람이면 좋을 텐데…"

"우리 아이가 누구처럼 말 좀 잘 듣고 알아서 하는 애라면 좋을 텐데…"

"우리 아빠가 조금만 더 나한테 신경을 써주었다면 좋았
을 텐데…"

자신과 가까운 주변 사람이 자신에게 지금보다 더 잘해주
는 사람이면 좋겠다는 생각은 무의식적 측면에서 볼 때 백
마 탄 왕자님을 기다리는 아이의 마음과 크게 다르지 않습
니다. 자신의 곁에 있는 엄마, 남편, 아이, 아빠 등을 말하고
있지만, 결과적으로 전혀 다른 상상 속 구원자일 뿐입니다.
안타깝지만 나를 구원해줄 사람은 오지 않습니다. 그저 상
상 속 인물일 뿐입니다. 그런 사건도 일어나지 않습니다. 타
인은 나를 구원해줄 수 없습니다.

상상 속 구원자를 찾다 보면 대체할 수 있는 누군가를 찾
아 나서기도 합니다. 그가 자신을 만족시켜줄 사람이라는
기대와 함께 백마 탄 왕자님이기를 바랍니다. 하지만 자신
의 욕망을 실현해줄 대상은 나타나지 않습니다. 오히려 실
망감만 키울 뿐이죠. 모래사장에서 모래성을 아무리 쌓아도
소용없는 것처럼 기대감만 허물어질 뿐입니다. 옛 어머니들
도 남편에게 이런 말을 했던 걸 보니 영 틀린 이야기는 아닙
니다.

"으이구, 이놈의 웬수!"

스스로 선택한 앉은뱅이

정신분석학자들이 공통적으로 중요하게 여기는 단어가 있습니다. 바로 '자각自覺'입니다. 즉 스스로 인식한다는 의미입니다. 마흔 즈음이 돼서도 언제까지 나를 구원해줄 누군가를 기다리며 수동적으로 살 수는 없습니다. 40년이라는 시간을 기다렸으면 많이 기다린 것입니다. 하지만 자신이 구원자를 너무나 오래 기다렸다고 생각하는 마흔 즈음의 어른은 드뭅니다. 마치 해가 지는 것도 모른 채, 조금만 더 있으면 큰 물고기를 낚을 수 있다고 믿는 낚시꾼처럼 근거 없는 기대감에 멈춰 있는 것이지요.

용기를 내길 바랍니다. 누구나 이 세상에 존재하는 이상, 스스로 일어설 수 있는, 즉 자각하는 사람이 될 수 있습니다. 타인을 구원자로 설정하고 한없이 기다린다면 나는 그저 '스스로 선택한 앉은뱅이'가 될 수밖에 없습니다. 지금도 '구원자가 와야 비로소 자유로워질 수 있다'라는 생각에 머물러 있다면, 자신의 생각을 버릴 때입니다. 이제 구원자를 거부할 시기입니다.

구원자는 오지 않습니다. 자신을 구원해줄 어떤 사건도 생기지 않습니다. 수동적인 기다림을 멈출 때입니다. 구원자가 없다는 것은 자아가 능동적 여정을 시작할 수 있다는 희망의 메시지입니다. 물론 처음에는 누구나 구원의 여정을 떠나며 두려움을 느낍니다. 그래도 용기를 내길 바랍니다. 누군가를 기다리지 않고 스스로 발걸음을 옮기기 시작하는 자유로움이 여러분을 바람처럼 가볍게 만들어줄 겁니다.

니체는 "신은 죽었다"라고 말했습니다. 이제 우리도 진정으로 자신을 구원해줄 사람이 누구인지 말해봅시다. "구원자는 죽었다." 우리에게 남은 것은 '자아', '나'뿐입니다. 마흔 즈음이 된 지금, 새로운 길을 모색하기 시작할 때입니다.

나에게 집중하는 시간

구원자를 버린다는 말은 이제야 '나'에게 집중할 수 있는 시간을 갖게 됐다는 의미입니다. 타인에게 향하던 시선을 거둬들이고, 나를 바라보는 시선만 남은 것이지요. 흔히 자신만을 생각하는 '자기중심적 사고' 또는 '자기애적 사고'와는 다릅니다. 나를 바라보는 시선만 남았다는 말은 '나'를 타인처럼 떨어뜨려놓고 바라보는 메타인지를 의미합니다. 반면 자기중심적 사고와 자기애적 사고는 메타인지가 아닙니다. 그저 다른 사람이 나만 바라봐야 한다는 인식일 뿐이지요.

구원자를 버리고 '나'에게 집중하는 좋은 방법 중 하나는 바로 천천히 걷는 겁니다. 보통 산책을 떠올리면 됩니다. 좀더 구체적으로는 산책하면서 오로지 '나'에게 집중하는 시간을 가지면 됩니다. 나의 발걸음, 숨소리, 이마에 흐르는 땀, 스쳐 지나가는 바람…, 산책하는 동안 자신을 둘러싼 모든 것을 있는 그대로 느껴보는 겁니다. 그동안 타인을 바라보기 위해 집중시켰던 내 감각들을 다시 나에게 회귀시키는 과정을 경험할 때 나에게 집중할 수 있습니다.

시라토리 하루히코白取春彦는 《니체와 함께 산책을》에서 니체의 말을 인용하며 산책이 모든 생각의 시작이라고 말합니다. "진정 위대한 모든 생각은 걷기로부터 나온다." 산책하듯 걸으며 내면에 집중하는 시간은 위대한 생각을 떠올리는 원동력이 됩니다. 산책, 사색, 명상은 자아 인식을 위한 아주 좋은 행동 양식입니다. 그중에서도 산책은 사색과 명상을 동시에 할 수 있는 시간을 우리에게 선사합니다.

오늘부터 구원자를 버립시다. 구원자가 아닌, 타인에게 향했던 시선을 자아에 집중하고 자아를 찾기 위한 산책, 사색, 명상의 시간을 갖길 바랍니다.

산책하듯 걸으며 내면에 집중하는 시간은
위대한 생각을 떠올리는 원동력이 됩니다.

상실 받아들이기

애도를 위해 필요한 시간

누구나 마흔 즈음까지 살다 보면 많은 상실을 경험합니다. 특히 가까운 사람의 죽음을 마주하면 이루 말할 수 없이 깊고, 어둡고, 무거운 상실감을 겪습니다. 호스피스 운동의 선구자로 알려진 엘리자베스 퀴블러 로스Elizabeth Kubler Ross는 《상실 수업》에서 상실의 슬픔을 겪는 사람에게 이렇게 조언합니다. "30분 동안 울어야 할 울음을 20분 만에 그치지 마세요." 슬픔을 겪을 때 최소 30분은 울어야 한다는 게 아니라, 눈물이 저절로 멈출 때까지 우는 걸 멈추지 말라는 의미입니다. 누군가의 죽음이나 상처를 충분히 애도하지 못하면 몸까지 상하게 됩니다.

상실의 깊이는 개인마다 다릅니다. 골이 깊을수록 애도의 시간과 흘려야 할 눈물도 많습니다. 눈물이 흐르지 못한 채 고이면 썩을 뿐입니다. 눈물이 곪은 채로 염증을 만들죠. 주변을 의식하느라 자신이 슬퍼하는 만큼 충분히 흘려야 할 눈물을 참거나 남겨놓지 않길 바랍니다.

암묵적 우월감

누구나 어릴 적부터 마음속에 우월감을 만들며 자랍니다. 우월감은 자신이 특정 분야에서 뛰어나다고 생각하는 것 이상의 의미를 담고 있습니다. 자신이 바라는 인생에 대한 바람도 포함하고 있습니다.

"나는 대학을 졸업하고 최소한 중견 기업에 취직할 거야."
"나는 정말 좋은 사람을 만나서 결혼할 거야."
"나는 아이를 낳아서 정말 잘 키울 거야."

보통 사람들이 말하는 예상 속에는 '나는 잘될 거야'라는 우월감이 내포돼 있습니다. 자신은 우월감을 전혀 의식하지 못하지만 내면에서는 이미 암묵적으로 기대하는 미래를 그리고 있죠. 바로 '암묵적 우월감'이라 부르는 심리입니다.

암묵적 우월감과 상실감 사이에 어떤 연관성이 있을까요? 상실감은 어떤 사람과 이별했을 때만 생기는 게 아니라, 자신이 예상했던 암묵적 우월감이 무너졌을 때에도 느낍니다. 이때 상실감은 큰 충격으로 다가옵니다. 특히 오랜 시간 동안 암묵적 우월감을 믿고 살아오면서 상실에 대한 대비나 예상을 하지 못했다면 더욱 크게 다가오죠.

만약 암묵적 우월감을 상실했을 때, 문제의 원인을 자신에게 돌리며 자책한다면 자아를 위한 위로에 소홀해질 수 있습니다. 예를 들어 늘 학교에서 상위권 성적을 유지하는 사람이 있습니다. 주변 사람은 물론 자신도 당연히 상당한 수준의 상급 학교에 진학할 것이라고 기대했습니다. 그런데 수능시험 당일의 컨디션이 나빠 결국 재수를 하게 됐습니다. 이런 경우 입시 실패의 원인을 자신에게 돌리기 쉽습니다. 또는 주변에서 실패 원인을 분석하는 말을 들으며 자신을 위한 애도를 제대로 하지 못하고 지나가기도 합니다.

"감기에 걸리지 않도록 조심했어야지."
"네가 컨디션 관리를 잘했어야지."

어떠한 상실을 겪었든 위로받을 권리가 있습니다. 암묵적 우월감의 경우도 마찬가지입니다. 온전히 나의 과실에 의한 상실일지라도 위로는 필요합니다. 그동안 위로받지 못하고 상실해야만 했던 암묵적 우월감을 떠올리며 나에게 말해주길 바랍니다.

"괜찮아. 괜찮아."

상실 예상

상실을 미리 예상하는 것도 추후 맞이할 상실에 대한 대비로 그럭저럭 괜찮습니다. 마흔 즈음이 된 지금, 갑자기 친정어머니의 뒷모습에서 오랜 세월의 흔적이 느껴질 때, 언젠가 보내드릴 수밖에 없음을 직감합니다. 언젠가의 그날을 애써 외면하면서 그래도 지금은 아닐 거라고 위안하지요. 상실을 예상하거나 생각하고 싶어 하지도 않습니다. 하지만 예상되는 상실을 받아들이는 시간을 갖는 데서부터 애도는 시작됩니다. 상실을 받아들이기 시작할 때, 현재는 더욱 값지고 소중하게 다가옵니다. 그러면 상실을 마주했을 때 눈물을 흘릴 수 있습니다.

20대 중반 즈음, 가까운 친척의 죽음으로 장례식에 참석한 적이 있습니다. 화장터에서 차례를 기다리던 중이었습니다. 여러 개의 화구에서 동시에 화장이 진행되고 있었고, 각각의 화구 앞에는 상실을 마주한 사람들이 상복을 입은 채 울고 있었습니다. 각각의 화구 옆에는 영정 사진이 놓여 있었습니다. 그중 유독 두 영정 사진이 서로 대조를 이루었습니다.

한 고인은 40대 중반 가장 같았습니다. 흐릿한 사진 속 고인은 운동복 차림이었습니다. 갑작스럽게 맞이한 죽음이어서 영정 사진으로 쓸 만한 사진을 미처 구하지 못한 것 같았습니다. 가족들은 넋이 나간 황망한 표정으로 바닥에 쓰러지듯 엎드려 앉아 있었습니다. 주변 사람들도 남은 미망인과 어린 자녀들에 대한 걱정과 슬픔으로 눈물을 쏟아내고 있었습니다. 안타깝게도 모두 상실을 예상하거나 준비하지 못한 듯 보였습니다. 고인을 떠나보내는 과정보다 남은 사람들의 삶에 대해 연민을 더욱 느끼는 모습이었습니다. 이렇게 준비 없는 이별의 과정을 겪으면 상실감은 위로받지 못하고, 더욱 큰 아픔으로 남습니다.

다른 고인은 나이가 지긋한 노신사였습니다. 영정 사진 속 고인은 멋진 나비넥타이를 매고 있었습니다. 얼굴에는 환한 미소가 가득했습니다. 영정 사진만 봐도 충분히 이별을 준비한 흔적이 보였습니다. 유가족들은 눈물을 흘리기는 했지만, 상실감을 마주하고 이별을 받아들이면서 흐느끼는 위로의 눈물이었습니다. 고인이 빨간 나비넥타이를 매고 영정 사진을 미리 준비해놓은 모습만 봐도, 이미 가족들은 상실을 함께 예상하고 찬찬히 기다렸음을 알 수 있습니다. 이처럼 상실감과 마주할 수 있는 용기는 상실을 미리 예상하고 준비하는 과정에서 만들어집니다.

마흔 즈음이라면 지금껏 미처 예상하지 못했던 상실로 인해 힘들었던 경험을 떠올리며 이제라도 위로해주세요. 마음속에서 떠나보낼 것이 아직 남아 있다면 보내주길 바랍니다. 앞으로 마주할 상실을 이제부터라도 예상하길 바랍니다. 그리고 마음으로부터 말해주길 바랍니다. 페미나상을 수상한 세련된 감성의 작가 에쿠니 가오리의 소설 제목으로 제가 마흔 즈음의 엄마에게 드리고 싶은 말을 대신 전합니다.

"울 준비는 되어 있다."

상실을 받아들이기 시작할 때,
현재는 더욱 값지고 소중하게 다가옵니다.

상징적 보호자 떠나보내기

노인이 된 부모

누구나 마흔 즈음이면 부모의 나이가 현실로 다가옵니다. 가끔 찾아뵐 때마다 부쩍 늙어가는 모습을 마주하게 됩니다. 이미 돌아가신 분들도 있을 겁니다. 마흔 즈음이면 대부분 가정을 이루고 살아가는 어른이지만, 그래도 늘 마음 한 구석에는 부모라는 안전망을 갖고 있습니다. 하지만 부모도 나이 들어감에 따라 사회활동에 적극적으로 나서지 못하거나 경제적 자립 능력을 상실할 수도 있습니다. 병으로 몸져누워 있을 수도 있습니다. 그래도 존재 자체로 자식의 버팀목 역할을 하고 있습니다. 심리학에서는 우리의 부모처럼 버팀목 역할을 하는 사람을 '상징적 보호자'라고 합니다.

중간항로의 시기는 서서히 상징적 보호자를 떠나보낼 마음의 준비를 시작할 때입니다. 세월이 좋아져서 부모가 더욱 건강히 오래오래 살 확률이 높아진 것도 사실이지만, 갑자기 좋지 않은 소식을 듣게 될 확률 또한 여전히 높습니다. 이별의 시기가 언제일지 가늠할 수 없다는 이유로 현실을 외면한 채 살아가는 사람도 많습니다.

자살 사별자

　OECD 회원국에서 살아가는 65세 이상 노인의 자살률을 살펴보면, 2019년 기준으로 인구 10만 명당 평균 18.4명입니다. 그런데 한국은 2016년 기준으로 이미 53.3명 수준입니다. OECD 회원국 중 1위에 해당하는 수치입니다. 그나마 2011년도 기준 79.7명에 비하면 다소 줄어들었다는 사실에 위안 아닌 위안을 삼게 됩니다.

　인구 10만 명당 53.3명이면 무척 적은 숫자라고 생각할 수 있습니다. 하지만 자살 예방 관련 전문가들은 자살률을 다르게 이해합니다. 자살을 시도했으나 실패한 사례는 훨씬 더 많기 때문입니다. 또 자살 시도 직전까지 간 사례는 몇십 배 더 많고, 자살 시도까지는 아니어도 매일매일 자살을 고민하는 사람들은 셀 수 없을 만큼 많다는 사실을 자살률 수치에서 볼 수 있다고 말합니다.

　자신의 '상징적 보호자'가 극단의 생각을 하고 실행에 옮겼다고 생각해보세요. 자녀는 부모의 자살 시도로 인해 심한 가책을 받습니다. 회사일이며 집안일이 바쁘다는 이유로 부모에게 연락을 소홀히 했고 자신이 부모를 외롭게 만들어 결국 극단적 선택을 하게 되었다는 생각이 극심한 우울감을 몰고 옵니다. 자신을 지켜주던 안전망이 사라졌다는 고통과 더불어 죄책감이 드는 것이지요. 누구라도 무척 혼란스러운 상황일 겁니다. 너무나도 평범했던 일상에서 뜻하지 않은 일을 갑자기 마주하기 때문입니다.

자살 사별자 심리 지원 단체 메리골드를 이끌고 있는 임상심리학 박사 고선규는 《여섯 밤의 애도》에서 '자살의 일상성'에 대해 말합니다. "'그 일'은 가스 불 위에 찌개를 올려놓은 상태에서, 가족여행을 계획해두었던 주말에, 평소와 다름없이 출근했던 어느 날에 갑작스럽게 일어났다. 대부분의 자살 사망은 이렇듯 지극히 평범한 일상에서 일어난다."

마흔 즈음은 누구라도 자살 사별자가 될 수 있는 시기입니다. 이미 부모, 형제자매, 친척, 친구 등의 자살로 인한 사별을 겪었을 가능성도 높습니다. 죄책감에 빠져 있느라 상실의 시간을 놓치지 말고 충분히 애도하길 바랍니다. 어쩌면 자신이 막을 수도 있었다는 가정을 떠올리지 않길 바랍니다. 당신 때문이 아닙니다. 지금은 상실의 시간을 가지며 흐느껴 울고 애도하는 것만으로도 벅찬 순간입니다. 자책하느라 상실의 시간을 그냥 흘려보내지 않길 바랍니다.

상실을 마주할 준비

사별을 준비하는 일은 무척 두렵습니다. 저 자신도 마찬
가지입니다. 하지만 언젠가 누구라도 마주해야 한다는 사실
은 변하지 않습니다. 한 유품 정리사가 인터뷰에서 했던 말
이 생각납니다.

"한 여자 분이 의뢰를 주셨어요. 혼자 기거하시던 어머니
가 돌아가셨는데, 장례식까진 마쳤지만, 도저히 엄마 집에
가서 물건 정리를 할 수 없을 것 같다고요. 그래서 대신 유품
정리를 의뢰하셨지요."

아무리 딸이라도 엄마 혼자 지내던 집의 문턱을 넘는다는
게 쉽지 않았다고 합니다. 사별의 순간, 우리가 마주할 현실
입니다. 상실과 마주할 준비를 한다는 생각이 어찌 보면 아
무것도 모르고 하는 말일 수 있습니다. 미리 사별을 준비하
고 마음을 단단히 먹는다고 해도 현실로 다가온 상실감의
무게가 작아지진 않으니까요.

하지만 현재 삶의 '상징적 보호자'가 누구인지를 인식하

기 위해서, '보호자'를 이제 나의 '보호자'가 아닌 한 '사람',
한 '존재'로 놓아주기 위해서, 상실감을 애도할 시간을 놓치
지 않기 위해서라도 상실과 마주할 준비를 해야 합니다. 물
론 상실감 자체를 미리 준비할 순 없습니다. 상실의 슬픔을
미리 앞당길 수는 없습니다. 다만 '상징적 보호자'를 잃는다
는 불안을 미연에 잠재울 수 있도록 준비하는 것입니다.

　심리적으로 '상징적 보호자'의 보호를 받는 위치에서 벗
어나 마흔 즈음의 자신이 '독립된 자아'의 위치로 올라가는
과정이 곧 상실을 마주할 준비 과정입니다. 단순히 경제적
으로 독립한다는 의미가 아닙니다. 중간항로의 위치에 있는
자신이 삶의 주체적 선택과 결정을 스스로 해나가는 과정입
니다.

　어쩌면 많은 사람이 마흔 즈음의 나이가 되는 동안 이미
많은 것을 홀로 이뤄왔다고 생각하고 있을 겁니다. 찬찬히
들여다보면 현실은 그렇지 않다는 것을 깨닫게 됩니다. '상
징적 보호자'가 살아온 방식에서 상당 부분을 차용해 자신
의 삶으로 패턴화한 경우가 많습니다. 자신의 삶이 '보호자'
로부터 인정받아온 삶의 한 형태일 수도 있습니다.

　보호자로부터 하면 안 된다고 들었던 것들, 혹은 나중으

로 미뤄야 한다고 했던 것들, 또는 절대로 해서는 안 된다고 했던 것들을 모두 소환해 점검해봐야 합니다. 그리고 자신의 입장에서 다시 주체적으로 선택하고 결정해보세요. 그동안 '보호자'의 보호 아래 행했던 것들을 다시 꺼내어 자신의 손으로 직접 선택해보는 겁니다. '주체적 결정'을 해야 할 시간입니다. 주체적으로 결정할수록 나다운 삶의 패턴을 만들 수 있습니다. 또한 '상징적 보호자'로부터 독립할 수 있습니다.

상실감이 가진 중력은 거부할 수 없을 만큼 무겁고 깊습니다. 상실감을 미리 준비할 수는 없습니다. 하지만 '상징적 보호자'를 잃는 두려움은 미리 준비할 수 있습니다. 상실의 순간이 왔을 때 애도를 통해 상실감이 가진 중력의 무게감을 충분히 겪어낼 뿐입니다. 오늘부터 '자신만의 패턴'을 선택하고 만들어나가길 바랍니다.

나다운 삶의 패턴은
주체적인 결정에서 비롯됩니다.

나르시시스트와 결별하기

나르시시즘은 나를 사랑하지 않는다

저는 심리상담사가 아니라 담임교사이므로 학부모 상담 중에 엄마의 심리 증상에 대해서는 분석하거나 표현하지 않습니다. 다만 아이의 반응과 증상에 집중할 뿐입니다. 그런데 종종 당혹스러운 일이 일어납니다. 엄마와 함께 아이에 대해 집중해 이야기하다 보면, 어느 순간 대화 주제를 슬쩍 바꾸는 엄마들이 있습니다. 마치 아이에 대해 깊이 파고들지 못하도록 방해하는 듯한 느낌을 받습니다. 아이보다 자신에게 더 집중하길 바라는 것이 느껴질 정도입니다. 더 이상 엄마와 이야기를 나눌 수 없다고 판단되면 상담을 마무리 짓습니다.

나르시시즘이 강한 엄마에게서 자란 아이는 정신적으로 숨 막히는 상태로 지낼 확률이 높습니다. 저학년까지는 잘 드러나지 않는 편이지만, 대체로 고학년이 되면 어김없이 신체화 반응을 나타냅니다.

나르시시즘이 강한 엄마를, 작가 썸머(이현주)는 자신의 저서 《나는 왜 엄마가 힘들까》에서 이렇게 말합니다. "이들은 지독하게 자기중심적이며, 착취적인 학대자다." 표현이 좀 강하지요.

흔히 나르시시스트를 '자신을 너무나 사랑하는 사람'으로 생각합니다. 안타깝지만 그들은 자신조차 속이고 있습니다. 극도로 외로운 나머지, 사랑을 갈구할 사람이 '나' 말고는 없을 뿐입니다. 나아가 '자아'마저도 자신을 받아들이지 않습니다. 나르시시즘은 나를 포함해 그 누구도 사랑할 줄 모르는 사람의 전형적인 패턴일 뿐입니다. 스스로에게 집착하면서 적어도 나 자신만은 누구보다 소중하게 사랑하고 아끼고 애착한다고 착각할 뿐이죠.

특히 우리는 '남'이다

나르시시스트에게서 멀어지는 것은 어렵습니다. 주변 사람도 잘 챙기고, 무척 친절한 사람이기 때문입니다. 예의도 바르고 흠잡을 곳도 없어서 인기도 많은 편입니다. 어떤 부탁을 했을 때 거절하기도 쉽지 않습니다.

마흔 즈음이 됐을 때 자신이 누군가에게 강한 애착을 느낀다면, 일단 의심해보길 권합니다. 강한 애착 관계를 형성한 대상으로부터 잠시 거리를 두려는 시도만으로도 심리적 독립에 가까운 성장을 할 수 있습니다. 어쩌면 마흔이 되도록 한 번도 생각해보거나 상상해보지 못한 일일 겁니다. 하지만 자신도 모르는 사이 우리는 애착 관계와의 거리를 좁히기 위해 많은 에너지를 사용하며 살아왔습니다. 당연히 그래야 한다고 알았고 무엇이든 '함께해야' 한다는 암묵적 합의를 소중한 가치로 여겼으니까요.

나르시시스트들이 좋아하는 말이 있습니다.

"우리가 남이가!"

하지만 이제 여러분은 마흔 즈음이라는 시간을 지나고 있습니다. 나르시시스트들에게 담담하게 말해주면 됩니다.

"원래부터 남이다!"

죄책감을 안겨준다

프랑스의 정신분석가이자 정신과 의사인 장 샤를르 부슈 Jean-Charles Bouchoux는 《악성 나르시시스트와 그 희생자들》에서 나르시시스트의 단점에 관해 이렇게 설명합니다. "악성 자기애자, 그들의 내면은 얼음처럼 차갑다. 그들 자신은 죄책감을 모르나 타인에게는 가차 없이 죄책감을 안겨준다. 그들의 가치관, 감정, 태도는 그가 대하는 사람과 그를 둘러싼 환경에 따라 수시로 바뀐다."

참으로 무서운 사람이 아닐 수 없습니다. 문제는 그토록 차갑고 죄책감을 모르는 사람이 무척 친절한 모습으로 내 곁에 있다는 겁니다. 또는 내가 자신도 모르게 악성 나르시시스트가 돼 아이에게 죄책감을 심어주고 있을지도 모릅니다.

나를 보호하기

나르시시스트가 자신을 자각하게 만들고, 변화를 이끌겠다고 마음먹는 것은 참으로 무용한 일에 가깝습니다. 그들은 대부분 자신을 긍정적으로 바라보고, 더 나아가 완벽하다고 믿습니다. 우리가 할 수 있는 가장 현실적인 과정은 그들로부터 '나'를 보호하는 것입니다. '결별'을 선언하는 것이 가장 좋은 방법이지만, 상대가 나의 엄마, 아빠, 이모, 삼촌, 친한 동창, 의리 있는 친구라면 결코 쉽지 않은 일입니다. 그렇다면 마흔 즈음이 된 지금, 나르시시스트로부터 나 자신을 어떻게 보호할까요?

첫째, 자신의 가치관들을 점검합니다. 자신이 성장하면서 중요하게 여겼던 가치관을 떠올려보길 바랍니다. 어쩌면 나르시시스트가 나에게 영향력을 행사할 수 있도록 내 마음속에 어떤 가치관들을 심어뒀을 가능성이 높습니다. 주로 착한 '우리 아이', '우리 큰딸', '우리 막내딸', '우리 집의 기둥'처럼 '우리'라는 이름으로 나의 위치를 설정해놓곤 합니다. 중간항로의 시기에 접어들면 어떤 가치관이든 내가 선택할 수 있어야 합니다. 모든 사람이 나의 선택에 반대할지도 모릅니다. 그래도 괜찮습니다. 그들에게는 반대할 권한이 없습니다. 내가 살아갈 가치관과 목표는 주체적 자아인 내가 선정하고, 그 책임도 내가 지기 때문입니다.

둘째, 일상생활의 작은 습관을 점검합니다. 나르시시스트와 친밀하게 지내고 그의 영향력 아래에 있을수록 그들의 작은 행동과 습관을 자신도 모르게 따라 하는 경우가 많습니다. 마치 아바타 같은 행동 패턴을 나타냅니다. 만약 누군가로부터 평상시에 "너 어쩜 말투가 엄마랑 똑같냐"는 말을 들었다면, 이제 자신의 목소리를 찾길 바랍니다. 엄마랑 똑같다는 말은 '엄마와 관계가 친밀하다'라는 말이나 마찬가지입니다. 하지만 심리적으로 본다면 '자아'가 불분명하다는 말과 같습니다. 같은 언어를 사용해도 자신이 사용하는 말투가 엄마의 말투와 달리 고유한 특성을 가질 때, 자신의 목소리로 세상과 소통하는 첫걸음을 뗄 수 있습니다.

셋째, 자신 주변의 나르시시스트와 거리를 둡니다. 가급적 멀리 떨어질수록 좋습니다. 하지만 그들은 어떻게 해서든 당신이 멀리 가지 못하도록 할 겁니다. 또는 그럴싸한 이유를 만들어 당신이 가는 곳마다 따라올 가능성이 큽니다. 어쩌면 가족이라는 이유로, 경제적 이유로 자신의 옆에 머물게 할지도 모릅니다.

만약 공간적으로 거리를 두기가 어렵다면 일단 시간상 거리감을 두는 것부터 시작해보세요. 멀리 떨어질 수 없다면 함께하는 시간을 최소한으로 줄이도록 노력하는 것이지요. 예를 들어 평소 배우고 싶었던 것을 배우면서 집에 최대한 늦게 들어오는 것도 하나의 방법입니다. 어떤 것이든 상관없습니다. 학원 등록을 하고 늦게까지 열공하는 겁니다. 수험생처럼 독서실에 가서 책을 읽거나 자격증 공부를 해도 됩니다. 단, 자신 주변의 나르시시스트가 원하는 것이 아니

어야 합니다. 내가 선택한 가치관과 내 목소리를 가지고 내
가 원하는 것을 배우면 좋습니다.

마흔 즈음이라는 시기는 자신 주변의 나르시시스트로부
터 독립하기 좋은 나이입니다. 결별하기 좋은 시기입니다.
건투를 빕니다.

열정, 삶을 사랑하는 방법

무엇을 좋아하는지 모른다

아이들에게 질문 하나를 던졌습니다.

"우리 엄마가 좋아하는 것 다섯 가지를 적어보세요."

다섯 가지를 모두 적어 내는 아이들이 생각보다 적었습니다. 심지어 잘 모르겠다고 쓴 아이도 있었습니다. 아이들이 대부분 엄마와 오랜 시간을 함께하고 엄마에 대해 잘 아는 것 같아도 정작 엄마가 무엇을 좋아하는지는 잘 모릅니다. 어쩌면 당연한 결과입니다. 지금껏 엄마가 자신의 시간을 쏟아부을 만큼 좋아하는 일에 집중하는 모습을 못 봤기 때문입니다. 아이가 태어난 이후, 온전히 자신의 시간을 들여 쫓아다니거나 창조했던 것들이 있는지 떠올려보길 바랍니다. 대부분 아이를 키우느라 자신이 좋아하는 것들을 미뤄놓았을 겁니다.

마흔 즈음이 되어 중간항로에 접어든 초등 엄마는 이제 자신이 뭔가를 할 수 있는 마지막 변곡점을 지나고 있다고 자각하곤 합니다. 즉 더는 자신이 좋아하는 것들을 미루기에 지쳤다는 의미이기도 합니다. 10년 이상 아이를 키우느라 자신의 꿈을 미룬 채 기다렸습니다. 속병이 날만 합니다. 이제 더는 미루지 않길 바랍니다. 그나마 10년만 미뤘다면 다행입니다. 어떤 엄마는 10대의 꿈을 30년 동안 미뤄왔다며 고백하기도 합니다.

마흔 즈음에 겪는 균열과 두려움과 우울함은 축복입니다. 타인의 시선에 자신을 끼워 맞춘 채 그동안 돌보지 못했던 '자아'를 찾을 수 있는 시기이기 때문이죠. 자신의 '자아'가 보내는 신호에 민감하게 반응하길 바랍니다. 이제 더는 미룰 때가 아니라는 신호를 받아들여 그동안 미뤘던 작은 일부터 하나씩 시작할 때입니다. 이마누엘 칸트Immanuel Kant는 《칸트의 역사철학》에서 '미성년 상태에서 벗어나는 것'이 곧 계몽이라고 말하며 방안을 함께 제안하고 있습니다. "과감히 알려고 하라Sapere aude!"

이미 스스로를 자각하면서 흔들림을 경험하고 있는 초등 엄마들에게 칸트의 말을 조금 바꾼 조언을 드리고 싶습니다.

"과감히 행하려고 하십시오."

무엇을 과감히 행할지는 이미 자신의 가슴속에 묻어놓은 '열정'이 알 겁니다.

재능보다 집념

학교에서 근무하다 보면 가끔씩 졸업한 제자가 찾아올 때가 있습니다. 짧은 인사를 나누고 가는 경우도 있고, 여유가 있으면 서로 대화를 나눌 때도 있습니다. 대부분 진학이나 진로에 대한 이야기로 자연스럽게 이어지지만, 엄마나 아빠가 건강히 잘 계시는지 안부를 먼저 묻는 편입니다. 그런데 한 제자로부터 생각지 못한 말을 들었습니다.

"엄마가 요즘 많이 바빠요."

분명 제가 기억하기로 아이의 엄마는 전업주부였습니다. 제자가 초등학생이던 시절에 명예교사 활동도 하고, 학교 행사에도 열심히 참여했었습니다. 그런데 아이가 중학교에 입학할 즈음, 한때 자신이 꿈꿨다가 마음속에 묻어뒀던 일을 다시 시작한 것입니다. 제자가 말하기로는 아빠보다 더 바쁘다고 했습니다.

보통 아이가 중학교에 입학할 시기인 마흔 즈음에 자격증을 취득하거나, 취업하는 분들이 점점 늘고 있습니다. 사업을 시작하기도 하고, 아이를 키우느라 미뤘던 학업을 다시 시작해 학위를 따는 엄마도 있습니다. 무엇이든 좋습니다. 마흔 즈음부터 다시 바빠질 수 있다는 것은 자신의 열정을 불태울 대상을 찾았다는 것이니까요.

"아버지, 길게 보면 재능보다 끝까지 하겠다는 집념이 더 중요할지 몰라요." '천재들의 상'이라고 불리는 맥아더상 MacArthur Fellowship을 수상한 앤절라 더크워스Angela Duckworth는 《그릿》에서 '어린 시절로 다시 돌아간다면 재능보다 집념을 따르겠다'라고 말했습니다. 저도 마흔 즈음의 시기를 지나고 있는 엄마들에게 전하고 싶습니다. 지금껏 멈출 수밖에 없었지만, 마음속에 간직해왔던 열정을 가두지 않길 바랍니다. 지금은 자신이 꿈꿔왔던 것을 끝까지 해내겠다는 집념에 불을 붙일 시기입니다.

더크워스가 '그릿Grit'이라고 정의한 끈기와 집념을 저는 '응축된 열정'이라고 부르고 싶습니다. 결혼하고 아이를 키우는 10년 동안 지속해서 '응축'된 열정을 다시 소환하길 바

랍니다. 자신의 응축된 열정을 그대로 묻어둔다면 우울, 무
기력, 분노조절장애, 공황장애 등을 겪을 수도 있습니다.

응축된 열정 소환하기

마흔 즈음의 시기에 자신의 마음속에 '응축된 열정'을 어
떻게 소환할 수 있을까요? 아주 작고 사소한 방법 하나를 소
개합니다. 빈센트 반 고흐가 동생 테오에게 보낸 편지 속에
서 아주 적절한 조언을 발견할 수 있습니다. 바로 '감탄'입니
다. "될 수 있으면 많이 감탄해라! 많은 사람이 충분히 감탄
하지 못하고 있으니까."

마흔 즈음이라는 시기만 같을 뿐 이 책을 읽는 엄마라면
모두 각자 다른 방향을 바라보고 있을 겁니다. 각자의 마음
속에 감춰놓았던 열정을 발견했다면 자신이 절로 탄성을 지
를 만한 열정의 대상을 찾아보길 바랍니다. 작고 사소한 것
이라도 상관없습니다. 한때 자신이 그려왔던 일을 하는 사
람들의 결과물을 지켜보기만 해도 됩니다. 그들이 하는 일
들을 보면서 감탄하고 자극을 받아 자신도 실천할 용기를
얻으면 됩니다. 실제로 행동에 나선다면 더없이 좋습니다.

지금 시작하는 작은 실천을 통해 또 감탄하고 더 많은 것들
에 도전하는 계기가 될 겁니다.

　마흔 즈음에 접어들었으니 이젠 힘들다고 생각하지 않으
면 좋겠습니다. 마흔 즈음이니 이제 비로소 시작할 때가 된
것입니다. 무엇이든 좋습니다. 무언가에 감탄하고 있다면
자신을 사랑하는 시간을 누리고 있는 것입니다. 이제 감탄
할 준비가 되셨나요? 내 아이를 위한다는 이유로 자신의 잃
어버린 열정을 되찾는 감탄의 시기를 늦추지 않길 바랍
니다.

지금은 자신이 꿈꿔왔던 것을
끝까지 해내겠다는 집념에 불을 붙일 시기입니다.

목적 있는 삶으로의 행동

나에게 주어진 20분

요즘은 많은 사람이 스마트폰으로 아무 생각 없이 뉴스나 SNS를 검색하며 시간을 보냅니다. 빈 시간을 무언가로 채우기 위해 목적 없이 피드를 뒤적거릴 뿐입니다. 그런데 '신사임당'이라는 이름으로 활동하는 유튜버의 영상을 보던 중에 시간 관리에 대한 조금 색다른 관점을 접했습니다.

"저는 시간이 너무 아까워요. 그래서 20분 정도 여유 시간이 생기면 해야 할 것을 미리 정해놓았어요. 예전에는 그 시간에 수다를 떨거나 그냥 시간을 보냈는데, 이제는 미리 정해둔 일을 합니다."

180만여 명의 구독자를 보유한 성실한 유튜버답다고 생각했습니다. 영상을 보던 저는 잠시 생각에 잠겼습니다. '만약 나에게 20분이라는 시간이 주어진다면 무엇을 할까?'

선한 영향력

인생이든, 하루든, 20분이든 어떤 목적을 세울 때 의외로 선_善함이 필요합니다. 착하게 살아야 한다는 단순한 의미가 아닙니다. 타인과의 관계에서 그들에게 무언가 '좋은 것_{good}' 을 제공하려 할 때 목적이 생긴다는 의미입니다. 즉 타인을 어떤 억압으로부터 자유로워지게 하거나, 인식의 틀을 더욱 확장하거나, 육체적 허기를 해소하거나, 불안에서 안정으로 돌아서게 만드는 것과 같은 일련의 일들을 반복해 실행하려 는 염원이 하나로 모일 때 지속 가능한 목적을 가질 수 있습 니다.

제가 현재 선한 영향력을 발휘할 수 있는 순간은 대부분 교육과 연계돼 있습니다. 하루 중 많은 시간을 함께 보내는 학급 아이들이 제가 이루고자 하는 목적의 대상입니다. 아 이들을 가르치다 보면 아이들이 저의 작은 말 한마디에 자 유로움을 맛보거나, 통제된 사고방식에서 벗어나는 순간들 을 마주하곤 합니다. 때로는 아이들이 넘지 말아야 할 선을 스스로 깨닫게 함으로써 안전감을 맛보게도 합니다.

또 다른 선한 영향력을 발휘하는 순간은 책을 집필하는

과정에서 찾아옵니다. 저는 주로 자녀 교육과 관련된 내용을 숙고하고 정리해 글을 남기고, 누군가의 자녀 교육에 대한 고민의 무게감을 덜어주며 살아가고 있습니다. 더불어 강연, 방송 출연, 교육 관련 유튜브 채널 운영을 통해 한 번도 만나보지 못한 학부모에게 작지만 선한 영향력을 전달하고자 합니다.

제가 처음부터 선한 영향력을 주변에 전할 의도로 목적을 세운 것은 아니었습니다. 저에게 주어진 학교라는 환경에서 맛본 작지만 선한 영향력을 좀 더 확대하고 싶은 '욕망'을 인지하고 지속해왔을 뿐입니다.

나에게 맞는 목적 찾기

보통 사람들은 심장 박동이 빨라지면 마음속에 어떤 변화가 일어나고 있다고 느낍니다. 누군가를 사랑하거나, 화가 나거나, 환희에 찰 때 심장 박동이 빨라지곤 합니다. 자신이 무언가를 진정 좋아하는지 아닌지를 확인하고 싶을 때 '가슴 뛰는 일'인지 물어보라는 조언도 비슷한 맥락입니다.

하지만 심장 박동이 늘 빠르게 뛰는 상태로 살아가면 오히려 일상적인 생활에 방해가 됩니다. 환희에 찬 상태가 아무리 우리 몸에 긍정적인 에너지를 준다고 해도 빨라진 심장 박동이 한 시간만 유지돼도 아마 생명의 위협을 느낄 겁니다.

자신에게 맞는 목적을 찾는 순간에도 마음속 변화로 인해 가슴이 벅차오르거나 심장 박동이 빨라질 수 있습니다. 이때 신체적인 변화에 집중하지 말고 자신의 일상을 찬찬히 돌아보며 자신이 숨 쉬고 있음을 느끼면 심장 박동이 돌아오는 것을 느낍니다. 그리고 자신이 진정한 목적을 찾았다는 사실에 더욱 집중할 수 있습니다.

제이 셰티Jay Shetty는 《수도자처럼 생각하기》에서 과거 자신이 어린 승려에게 들었던 말을 통해 호흡의 의미를 독자들에게 되새깁니다. "나를 떠나지 않는 유일한 것은 나의 호흡입니다."

호흡이 평온해지는 순간이야말로 삶의 목적을 되찾기 위해 고도로 집중하는 시간입니다. 천천히 산책하는 순간, 잠시 걸음을 멈춰 서 있는 시간, 수많은 인파로 가득한 지하철에서 손잡이에 의지한 채 잠시 눈을 감고 혼자 머무는 순간, 우리는 자신의 존재를 느낍니다. 그리고 자신의 존재감이 자신을 어디로 이끌어가고 싶은지를 깨닫게 됩니다.

마흔까지 흔들렸으면 충분하다

마흔이 다 되도록, 혹은 마흔이 넘도록 불안하고 흔들렸으면 충분합니다. 이제 자신을 위해 삶의 큰 줄기, 즉 삶의 목적을 찾길 바랍니다. 목적은 최후의 순간에 이룰 수 있는 무언가가 아닙니다. 하루하루 실천하고 노력하는 모든 순간이 모여 목적이 있는 삶을 만듭니다.

흔들림을 없애려면 어떻게 해야 할까요? 해답은 단순합니다. 끊임없이 움직여야 합니다. 우리는 끊임없이 출렁이는 바다 위에 떠 있는 작은 배와 같은 존재입니다. 배가 멈추는 순간이 있을까요? 파도에 흔들리는 배가 멈추길 기다린다면 평생 항구에 닻을 내리고 정박한 채 살아가야 할지도 모릅니다. 지금 당장 배의 시동을 걸고 출발하는 실행력이 있을 때, 배는 흔들리지 않고 바다를 향해 나아갈 수 있습니다.

만약 오랜 시간 동안 배우고 싶었던 것을 미뤄왔다면 망설이지 말고 지금 등록하길 바랍니다. 일단 무엇이든 배워

나가길 바랍니다. 앞으로 어떤 일이 일어날지 모르고, 자신에게 어떤 삶의 목적을 선사할지는 아무도 모릅니다. 지금껏 바쁘다는 이유로, 가족을 위한다는 명분으로, 미래가 불투명하다는 이유로 미뤄왔던 꿈의 첫 단추를 채우는 마음으로 행동에 옮겨보길 바랍니다. 태어나 처음으로 '나의 호흡'을 하는 순간을 만날 수 있을 겁니다.

중간항로의 시기를 성공적으로 헤쳐나가려면 일단 항구에 정박한 배를 출항시켜야 합니다. '최선'을 선택하기 위해 망설일 필요는 없습니다. 어떤 선택이든 자신이 책임지겠다는 생각으로 일단 출발하는 겁니다. 이제 행동을 미루지 않길 바랍니다. 지난 40년간 미뤘으면 충분합니다.

고요하게 내 호흡에 집중하는 시간,
삶의 방향성과 목표를 찾는 시간.

Chapter 4.

마흔 공감 토크

엄마들을 위한 긴급 솔루션

엄마가 자녀에게 받는 상처들

Q. 엄마가 아이에게 받은 상처를 어떻게 하면 좋을까요?

A. 누구나 관계 안에 있다 보면 상처를 주기도 하고 받기도 하죠. 엄마가 아이의 아픈 곳을 찌르고 상처를 주기도 하지만, 아이 역시 마찬가지입니다. 아이들도 엄마가 아픈 곳을 정확히 압니다. 그리고 은밀하게 또는 과감하게 정곡을 찌릅니다.

　엄마들은 '엄마'라는 이름 때문에 모든 상처를 끌어안고 가는 경우가 많습니다. 또 주변에서 아픈 상처도 끌어안고 가도록 강요하기도 하고요. 누구든 상처 받지 않는 것이 좋습니다. 엄마라는 이름을 가져도 마찬가지입니다.

Q. 보통 언제부터 아이는 엄마에게 상처 주는 말을 하기 시작하나요?

A. 자녀가 초등 3, 4학년 이상이 되면 갑자기 말투에서 차가움을 느끼는 순간들이 찾아옵니다. 엄마 턱밑에서 미주알고주알 예쁘게 말하던 아이가 어느 날부터 "짜증 나", "또 그 얘기!", "나 방에 가도 되지?"라고 싸한 표정을 지으며 말하기 시작하죠.

　　엄마는 아이와 더 대화하고 싶고 정감도 느끼고 싶은데, 아이들이 사전에 차단해버리면 많이 서운합니다. 그래서 우리 아이에게 사춘기가 시작됐나 보다 생각하고 사춘기 자녀와 어떻게 하면 친하게 지낼 수 있는지를 공부하기도 합니다. 상처까지는 아니지만 서운함이 들 수도 있습니다. 그런 작은 순간들이 엄마가 받는 상처의 전조곡前兆曲이 됩니다.

Q. 아이들은 왜 그 시기에 차갑게 말하는 걸까요?

A. 기본 전제는 이런 겁니다. "내 일은 내가 알아서 할게." 자신이 스스로 할 수 있으니 좀 놔두면 되는데 엄

마가 자꾸 참견한다는 거죠. 엄마의 참견을 좀 강하게
끊어내고자 차가운 태도를 선택하는 것입니다. 관계
를 관리할 때 미숙하기 때문이기도 하지만, 무의식적
으로 주변 사람에게 아픔을 주기 위해 그러기도 합
니다.

Q. **아이들이 왜 엄마한테 아픔을 주려고 할까요?**

A. 누군가를 아프게 만드는 것도 일종의 쾌락입니다. 일
단 아이의 무의식에서는 그나마 가장 안전하다고 여
기는 사람에게 아픔을 주는 행위를 시험하고 싶어 하
죠. 물론 의식적으로는 그렇게 못합니다. 그래서 무의
식적이란 표현을 쓴 겁니다.

자녀의 차가운 태도나 무시하는 듯한 언행을 당했
다고 느끼면 부모는 양가감정을 갖게 됩니다. '내가
너한테 얼마나 잘해줬는데, 어떻게 네가 나한테 그럴
수 있냐'는 분노와 함께, 그동안 자신이 부모로서 잘
해주지 못해 아이가 자신에게 그러는 것이 아닌가 하
는 생각이 들죠. 이러한 혼란스러움 자체가 부모에게
는 아픔이 됩니다.

놀랍게도 아이들은 직관적으로 부모의 아픈 부분을 파고듭니다. 그리고 강한 한 방을 던지죠. "엄만 별로 도움이 안 돼!" 그런 말을 들은 엄마는 뭔가를 해줄 의욕마저 상실하게 됩니다.

Q. 아이들이 그렇게까지 말한다니, 엄마가 받는 상처가 꽤 클 것 같습니다.

A. 네, 정곡을 찌르는 말 한마디로 아이는 엄마에게 충분히 큰 무력감을 줍니다. 그런데요. 진짜 상처는 아이의 말을 들은 순간부터 엄마 자신에게서 생겨납니다. 엄마로서 최선을 다하지 못했기 때문이라고 자신을 학대하거든요.

학대에는 물리적 학대만 있는 게 아닙니다. 아이로부터 무시당한 상황에 그냥 스스로를 놓아두는 것도 일종의 정서적 학대입니다. '엄마는 너희들한테 그런 평가를 받아도 되는 사람'이라고 생각하며 그냥 눈앞의 상황에 자신을 내맡기는 일이 반복됩니다.

그럼 아이들은 "엄마는 돈도 잘 못 벌고", "똑똑하지도 않고", "변변한 학원도 못 보내주고" 같은 말들

을 내뱉습니다. 아이들은 생각보다 '순진'합니다. 순
진하다는 말은 바꿔 표현하면 잔인하기도 하다는 의
미입니다. 엄마가 가만히 있으면 계속 함부로 대해도
되는 줄 압니다.

Q. 엄마로서 별다른 역할을 못 한다는 뉘앙스의 말을 들었을 때, 뭘
어떻게 해야 하나요?

A. 아이들에게 이런 말을 들었을 때, 참지 말고 한번 싸
워보길 권합니다.

"엄만 아무것도 몰라."

"엄만 답답해."

"엄마 때문에 짜증 나 죽겠어."

"엄만 할 줄 아는 게 뭐야."

　엄마의 역할을 변변찮게 생각한다는 뉘앙스의 대
표적인 표현들이죠. 의외로 많은 엄마가 그냥 참고 지
나갑니다. '공부 때문에 스트레스 받나 보다', '친구 문
제로 힘든 모양이구나', '스마트폰도 못 바꿔줬는데'
등등 엄마 나름대로 이유를 예상하며 그냥 조용히 넘

어가는 거죠.

공부 때문이든, 친구 문제 때문이든, 스마트폰 때문이든, 어떤 것도 엄마에게 상처를 주는 이유가 돼서는 안 됩니다. 그런데 많은 엄마가 자녀와 잘 싸우는 법을 몰라요. 또 싸우기 전에 이미 많이 지쳐 있는 상태이기도 하고요.

Q. 엄마가 그렇게 지쳐 있을 때 어떻게 해야 할까요?

A. 자녀가 초등 3학년 정도면 열 살입니다. 그럼 엄마로서는 아이를 낳고 10년 동안 줄곧 달려온 상황입니다. 지치지 않는 게 이상한 일이죠. 자녀가 초등 3학년 정도 됐다면 엄마라는 이름의 시간 말고 자신을 위한 시간과 공간이 필요합니다.

학원에 바래다주고, 간식을 챙겨주고, 공부시키는 것 외에 엄마로서 하는 일, 그리고 분리된 시간과 공간을 만드는 게 좋습니다. 일정한 루틴이 있으면 더욱 좋습니다. 하루 한 시간이라도 좋습니다. 혼자만의 공간에서 차를 마시며 책을 읽는 겁니다. 엄마로서 지치지 않으려면, 엄마라는 이름이 아닌 '나'의 이름으로 살아가는 시간을 늘려야 합니다.

Q. 엄마에게 상처가 될 만한 일들로 또 어떤 게 있을까요?

A. 아이가 밖에서는 다른 사람들에게 참 잘하는데 집에 오면 함부로 하거나 대들고, 별일 아닌 걸로 짜증 낼 때 엄마로서 상처를 받습니다. 너무 애지중지 키워서 그런가 혼란스럽기도 하고요. 혼을 좀 낼라치면 아이가 전혀 무서워하지도 않고, 오히려 아이에게 협박을 당하는 느낌을 받습니다. 그러면서 자꾸 간섭하면 정말 막 나가버린다는 뉘앙스의 말을 하죠. 정말 짜증나서 집에 있기 싫다는 듯한 표현도 서슴없이 꺼냅니다. 엄마 입장에서 무척 난감한 상황이죠. 그러면 엄마는 앞으로의 상황이 더 걱정됩니다. 초등 시기에 벌써 이런데 중학교 가면 어쩌나 싶기도 하고요.

Q. 상처 정도가 아니라 두려운 마음마저 들겠어요.

A. 네, 그렇죠. 그런데 더욱 기가 막힌 상황이 연출됩니다. 그렇게 아이가 반항하다가도 어느 날 갑자기 말을

잘 듣기도 합니다. 갑자기 살갑게 대하고 예전의 행복한 시절로 다시금 돌아간 듯 착각할 정도로 엄마를 대할 때가 있습니다. 심지어 엄마랑 오랜만에 같이 자고 싶다고 하기도 해요.

하지만 알고 보면 스마트폰을 바꾸고 싶다거나, 갖고 싶은 물건이 있다거나, 자신이 바라는 뭔가가 있어서 행동이 바뀌었다는 걸 알게 되죠. 그럼 마음속에서 배신감이 솟아오릅니다. 엄마의 존재는 아이 자신에게 무언가 필요할 때만 의미가 있는 건가 싶은 생각도 들고요. 이러한 일련의 사건들이 엄마에게 상처로 남게 됩니다.

Q. 그런 일이 반복되면 '내가 왜 사나' 싶고, '쟤를 왜 키우나' 하는 생각도 들 것 같아요. 무엇보다 엄마라는 존재감이 정말 허무하게 느껴지지 않을까요?

A. 네, 그런데요. 엄마라는 존재감에 상처받는 일들은 훨씬 작은 일들에서부터 빈번하게 일어납니다. 한 어머니가 학부모 상담 중에 꺼낸 말씀이 기억나네요. 엄마가 보낸 카톡이나 문자는 잘 보지도 않으면서, 친구에게 카톡이 오면 밥 먹다가도 바로 답변해주는 모습에

상처를 받았다고요. 심지어 이젠 카톡이 오면 밥 먹다 말고 아예 자기 방으로 들어가서 확인하고 다시 밥 먹으러 나올 생각조차 하지 않더랍니다. 그런 모습을 보며 지금 자신이 엄마로서 제대로 존중받고 있는 것인지 의구심이 들었다고 합니다. 엄마라는 존재감에 상처를 받은 것이죠.

Q. **그렇다면 엄마가 상처받지 않으려면 무엇을 기억해야 할까요?**

A. 상처받는 것도 습관이 됩니다. 상처받는 환경에 노출되는 횟수를 줄이는 것이 좋습니다. 아이가 학년을 올라갈수록 엄마가 아닌 '나'의 위치에 있는 생활을 구체적으로 만드는 것이 좋습니다. 반복된 일상에서 가급적 매일 그 순간을 누릴 수 있도록 말이죠.

마무리하며 덧붙이고 싶습니다. 일단 좋은 엄마가 되고 싶다는 생각이 엄마의 상처를 키웁니다. 완벽한 엄마가 되겠다는 생각은 엄마를 우울하게 만드는 시작입니다. 엄마라는 이름은 아이가 불러줄 때 생기는 것이지, 엄마가 어떤 역할을 한다고 해서 엄마라는 존재감이 생기지 않습니다. 다른 엄마가 만들어낸, 남편

이 만들어낸, 사회 통념이 만들어낸 역할에 매몰되지
말고, 아이가 '엄마'를 부르는 그 순간에 집중하길 바
랍니다. 그 순간에만 아이들에게 대답해줘도 충분히
엄마의 위치에 있을 수 있습니다.

엄마를 화나게 만들고 싶은 아이들

Q. 실제로 엄마를 화나게 만들고 싶은 아이들이 있나요?

A. 설마설마할 것 같은데요. 많은 초등학생이 엄마를 화
나게 하는 방법을 알고 싶어 합니다. 실제로 몇몇은
실행에 옮기기도 합니다.

물론 대다수 아이가 엄마가 처한 상황을 살피면서
엄마를 기쁘게 하려고 노력합니다. 그런데 그것은 표
면적인 것에 불과합니다. 엄밀하게 표현하면 엄마를
기쁘게 하려는 건 작은 부분일 뿐입니다. 오히려 '엄
마를 화나게 하는 방법'들을 찾아보면서 좋아합니다.
실제로 자기들끼리 카톡이나 미니북으로 '엄마를 화
나게 하는 방법' 리스트를 만들어서 돌려 읽기까지 합
니다.

Q. 많은 어머니가 배신감을 느끼겠는데요? 그런데 아이들이 어떻게 엄마를 화나게 만드는지 궁금하기도 합니다.

A. 엄마를 화나게 하는 방법 리스트가 있긴 한데 특이하게도 리스트에 순위가 없어요. 그냥 수많은 리스트를 만들며 재미를 느끼는 듯합니다. 그리고 아이들 스스로 수위를 조절합니다. 엄마를 최고로 화나게 하는 방법까지 찾지는 않아요. 그저 엄마를 지속적으로 괴롭히고 짜증 나게 하고 기운 빠지게 하는 작전을 주로 꼽습니다.

Q. 그냥 장난 정도가 아닌 것 같은데요. 아이들이 찾은 방법이라는 게 뭔가요?

A. 실수를 가장한 소소한 것들입니다. 예를 들어 어제 산 리코더를 잃어버렸다는 식입니다. 그러고는 당장 리코더 수행 평가 준비를 해야 하니 빨리 하나 더 사달라고 하는 거죠. 엄마는 평가라는 말에 마음이 급해서 혼내는 것도 잠시 미루고 일단 아빠에게 전화를 겁니다. 퇴근하는 아빠에게 문구점에 들러서 리코더를 사오라고 하거나, 아니면 직접 차를 몰고 마트에 가서

사 오죠. 요즘에는 동네에 작은 문구점이 많지 않아서 학용품을 급하게 구하려면 일단 마트까지 가야 하는 번거로움이 따르죠.

Q. 우리 때는 준비물 살 돈으로 오락실 가거나 군것질을 해서 혼나곤 했는데, 요즘엔 엄마를 화나게 하는 것이 놀이의 목적이라니, 뭐 이런 일이 다 있나요. 또 다른 방법들이 많은가요?

A. 많지요. 아이들이 만들어서 돌려보는 작은 미니북 중 제가 본 것은 A4 네 장 정도 분량에 목록이 빼곡하게 적혀 있었습니다. 주로 화내기도 애매하고 그렇다고 그냥 있자니 마음속에서부터 답답함과 화가 쌓이는 방법들이었습니다. 그중 몇 개를 말씀드리겠습니다.

   [학교에 준비물을 가져가지 않고 출근한 엄마한테 빨리 가져 오라고 하기, 체육복에 진흙 묻히기, 엄마가 불렀을 때 못 들은 척하기, 엄마가 하라는 것 깜박 잊은 척하기, 하루 정도 우울한 척하고 아무 말도 안 하기, 폴더폰 변기통에 빠트리기…]

Q. 아이들이 엄마를 화나게 하려고 일부러 그런다니, 엄마들이 알면 뒷목 잡겠네요. 그런데 의외로 공부에 관련된 건 없네요. '공부 안 하기' 하면 확실하게 엄마를 화나게 할 텐데요.

A. 바로 그게 핵심입니다. 엄마가 확실하게 화낼 만한 일을 하면 혼이 나니까요. 그럼 자신에게 피해가 오겠죠. 그러니까 엄마가 짜증을 내고 화나는 일이 그냥 마음속에 조금 남을 정도만 하는 겁니다. 그러면서 재미를 느끼는 거죠. 그런데 유의사항이 흥미롭습니다. 한 가지만 지속적으로 하지 말고 적당히 섞어가면서 하라는 거예요.

Q. 왜 적당히 섞어가면서 해야 한다는 거죠?

A. 유의사항을 살펴보면 엄마를 화나게 하는 방법을 적당히 섞어가면서 해야 하는 이유를 밝히고 있습니다. "지속적으로 한 가지만 하면 의심을 살 수도 있다. 똑같은 걸 지속적으로 반복하면 엄마가 아빠에게 말하고 그러면 일이 커질 수 있다"라고 말이죠. 즉 자신에게 피해는 오지 않으면서 엄마가 마음속에서만 답답함을 느끼고, 화가 남도록 만드는 전략이죠.

Q. 엄마를 화나게 하는 방법 리스트를 만드는 것은 그렇다 쳐도, 정말로 엄마를 화나고 짜증 나게 만드는 행동을 하나요?

A. 실제로 실행에 옮기는 학생은 몇 안 됩니다. 그저 호기심이나 재미로 엄마의 반응을 보려고 한두 번 시도했다고 자랑 삼아서 말하는 아이들은 있습니다. 대부분은 그런 목록들을 읽고 신나는 기분을 느끼는 정도에서 멈춥니다. 하지만 더 기발한 방법을 찾는 고민에는 아주 열심입니다. 그러다가 자기들끼리 키득키득하며 즐기는 수준인 거죠.

Q. 학부모들이 이런 상황을 어떻게 받아들여야 하나요?

A. 일종의 '소심한 복수' 또는 '소리 없는 앙갚음' 정도로 생각하면 됩니다.

Q. 왜 엄마에게 소심한 복수를 하죠?

A. 자신에게 힘이 없으니 엄마에게 정식으로 대들어봤자 늘 지니까요. 싸움에서 이길 수 없다면 싸우지 않

고 그냥 상대방을 괴롭히는 쪽을 선택한 겁니다. 그간 내가 받은 억울함에 대한 저항인 것이죠. 마치 게릴라전을 하듯 치고 빠지는 겁니다.

Q. **엄마들이 듣기에는 참 기가 막히고, 억울할 것 같아요.**

A. 엄마라면 충분히 억울할 겁니다. '내가 너를 키우려고 얼마나 많은 수고를 감수하고 있는데, 이런 괘씸한 생각들을 하고 있다고?'라면서 배신감을 느낄 수도 있고요. 그런데 저는 아이들이 '엄마를 화나게 하는 방법' 목록 읽기 자체를 매우 즐긴다는 사실에 주목해야 한다고 생각합니다. 실제 행동에 옮기는 아이가 많지 않지만 이런 목록들을 만들고 서로 돌려 읽으면서 매우 통쾌해하거든요.

Q. **실제로 이렇게 '엄마를 화나게 하는 방법'에 관한 이야기를 좋아하는 아이들이 한 반에 얼마나 되나요?**

A. 대부분, 거의 전부라고 생각하면 됩니다.

Q. 정말 엄마 입장에서 이해가 잘 안 되네요. 대체 왜요?

A. 아이들의 마음속에 양가감정이 있기 때문입니다. 엄
마는 사랑의 대상인 동시에 분노의 대상이 되기도 합
니다. 눈에 보이지 않는 통제가 늘어날수록 눈에 보이
지 않는 소심한 복수에 대한 꿈은 자라기 마련입니다.
사실 아이들은 그동안 엄마가 하지 말라고 했던 목록
에 대한 복수심에서 이런 목록들을 만드는 것입니다.
아이들은 엄마가 제시했던 목록과는 정반대로 행동
해보는 이야기를 통해 대리만족을 느끼며 즐거워하죠.

Q. 그냥 애들이니까 그럴 수 있다고 봐야 하는 건가요, 아니면 심각
하게 봐야 하는 건가요?

A. 저는 아이들의 행동을 진지하게 바라봐야 한다고 생
각합니다. 그냥 애들이니까 그럴 수 있다고 넘기기에
는 간단하지 않은 문제입니다. 분명 타인을 불편하게
하고 괴롭히는 내용을 담고 있으니까요. 물론 실행에
옮기지 않는 아이가 대부분이지만, 아이들은 목록에
등장하는 캐릭터를 통해 엄마의 말을 듣지 않는 행위

를 꿈꾸며 희열을 느낍니다. 지금은 엄마에게 반하는 행동을 못 해도 언젠가 용기를 낸다면 더 큰 문제도 일으킬 수 있는 여지는 남아 있습니다.

Q. 아이들이 엄마에게 소심한 복수를 꿈꾸는 것을 멈출 수 있을까요? 어떻게 해야 그런 상상을 하지 않게 될까요?

A. 아이들이 상상하는 것을 막을 수는 없습니다. 단, 상상의 방향을 바꿀 필요는 있습니다. 부모와 아이 사이의 대화에서 가장 큰 문제를 발견할 수 있습니다. 부모들은 주로 일방적 요구를 많이 하거든요. '숙제는 했니', '학원엔 갔니', '문제집은 풀었니'처럼 부모의 말은 질문의 형식을 띠고 있지만 아이 입장에서는 무수한 요구를 들으며 살아온 셈입니다. 그러면 자신에게 한없이 지시만 하는 사람을 한 번쯤은 골탕 먹이고 싶다는 생각이 자연스럽게 들 수밖에 없습니다.

　적어도 아이 입장에서 부모와 대화를 할 때에 자신의 이야기와 자신의 요구가 조금이라도 반영된다는 느낌이 들어야 합니다. 그래야 복수의 상상을 멈출 수 있습니다.

Q. '엄마를 화나게 하는 방법'에 대한 이야기를 들으며 뭔지 모를 답답함을 느꼈습니다. 아이들의 마음을 헤아리는 방법을 좀 더 찾아봐야겠습니다. 마지막으로 하실 말씀은 없나요?

A. 실비 드 마튀이시윅스Sylvie de Mathuisielx가 쓴《엄마를 화나게 하는 10가지 방법》이라는 책이 있습니다. '야채랑 고기는 먹지 말고, 화학 색소가 들어간 사탕을 먹고, 이빨이 썩도록 단 음료만 마시고' 등의 방법을 소개하고 있습니다. 한 학생이 교실에서 이 책을 읽고 있는데, 주변으로 아이들이 몰려와서 무척 즐거워하는 모습을 봤습니다.

그런데 아이들을 보며 괘씸하다고 생각되기보다 안쓰럽다는 느낌이 먼저 들었습니다. 아이가 차라리 부모에게 대놓고 '하기 싫다'라고 말할 때 오히려 다행이라고 생각하면 좋겠습니다. 적어도 그런 아이라면 소심한 복수를 꿈꾸며 행복해하는 아이는 아닙니다.

아이들의 호기심 넘치는 에너지가 엄마에게 복수하는 꿈을 꾸는 쪽으로 낭비되지 않길 바랍니다. 마흔 즈음을 지나고 있는 엄마의 위치가 소심한 복수를 당해야 하는 위치에 있지 않길 바랍니다.

적대적으로 반항하는 아이

Q. 반항하는 아이는 알 것 같은데 적대적으로 반항하는 아이는 어떤 상황에 있는 아이를 말하는 건가요?

A. 네, 적대적으로 반항하는 아이란 엄마, 아빠, 할머니, 할아버지, 선생님처럼 자신보다 더 권위가 있다고 생각되는 사람들에게 적대적인 말과 행동을 드러내는 아이들을 말합니다. 쉽게 표현하면 어른이 말하는 것에 유달리 민감하게 반응하면서 매우 부정적으로 행동하는 아이들을 말합니다. 또 어른에게 쉽게 화를 내고 짜증을 내거나 분노하는 아이들도 포함됩니다. 하지만 적대적으로 반항하는 아이들이라도 또래 친구들하고는 무리 없이 잘 지내는 모습을 보이기도 합니다. 단, 친구 중에 리더의 자질을 갖고 있거나 권위적인 태도를 가진 아이가 등장하면 어른들에게 대하는

것과 마찬가지로 부정적인 태도를 취하기도 합니다.

Q. 그럼 주로 사춘기를 지나는 시기에 적대적인 모습을 많이 보이
겠네요?

A. 사실 사춘기보다 더 일찍 옵니다. 초등학교 입학 전부
터 시작해서 1, 2학년 즈음이 일반적인데요. 아이마다
편차가 있어서 3~5세 시기에 적대적으로 변하는 아
이들도 있습니다.

특히 마흔 즈음을 지나고 있는 엄마라면 무척 힘들
어합니다. 옷 입는 것, 밥 먹는 것, 어린이집 가는 것,
숙제하는 것, 책 읽는 것 등 무엇 하나도 수월하게 지
나가는 법이 없거든요. 일단 엄마가 하라는 건 하지
않거나, 싫다고 하거나, 무시하는 행동을 취합니다.
그러면 엄마 입장에서는 자기 자식이지만 정말 너무
밉고 지친다고 표현하기도 합니다.

아이 중에는 유달리 엄마한테만 적대적으로 대하
는 아이도 있습니다. 어린이집, 학교에서는 잘 지내다
가도 집에만 오면 엄마가 하지 말라는 것만 골라서 하
고, 엄마 속을 뒤집는 아이들이 있죠.

Q. 아주 어린 나이에 적대적인 반항을 하는 아이들에겐 어떤 문제가 있을까요?

A. 아이의 발달 과정에서 적대적으로 반항하는 시기가 찾아오는 것은 일반적인 수순입니다. 아이는 '자아'라는 주체를 처음 인식할 뿐만 아니라 아직 '자아 욕망'을 어떻게 다뤄야 할지 몰라 일단 어른의 말에 반하는 행동부터 합니다. 그러면서 자신의 위치를 높일 수 있다고 생각합니다.

간단히 말씀드리면 발달 과정상에서 정상적인 모습입니다. 일반적으로는 몇 개월에 걸쳐 나타나는데요. 학교생활을 통해 규범과 규칙을 지키도록 배우고, 어른이 하는 말들을 왜 들어야 하는지 인지하면서 적대적인 반항이 점차 수그러들기도 합니다. 하지만 적대적인 반항의 시기가 6개월 이상 지속된다면 적대적 반항 장애를 의심해볼 수 있습니다.

Q. 발달 과정상 적대적 반항이 오래 지속되는 원인은 무엇인가요?

A. 적대적 반항 장애의 주요 원인은 가정 환경입니다. 아

이가 적대적 반항의 행동을 하는 시기에 지나치게 억압하고 통제하거나 반대로 너무 방임적 태도로 대하면 적대적 반항 장애로 이어질 가능성이 무척 높습니다. 부모 중 한 사람이 분노 조절을 못 하거나 ADHD, 약물 남용, 알코올 중독, 우울 같은 증세를 보이면 자녀가 적대적 반항의 증상을 드러내는 기간이 오래 지속되고, 결국 적대적 반항 장애로 넘어가기도 합니다.

Q. 초등학생 중에서 지속적으로 적대적 반항의 행동을 하는 학생들은 어느 정도 되나요?

A. 초등학생 5~10% 정도가 적대적 반항 장애를 갖고 있다고 합니다. 사실 학교 현장에서 체감하기로는 그보다 약간 낮은 약 3~5% 수준입니다. 강도가 조금 센 적대적 반항 장애를 가진 학생은 두 학급에 한 명 정도예요. 그런데 학교에서 생활하는 모습을 보면 적대적 반항 장애로 판단되지 않는 아이들이 생각보다 많습니다. 학교와 집에서의 모습이 전혀 다르기 때문입니다. 게다가 '그냥 나 혼자 집에서 참으면 되지' 하고 생각하는 엄마들도 많습니다. 아이가 공부 때문에, 학원

때문에, 학교생활 때문에 스트레스를 받아서 그런 거라 생각해버리고는 하루하루를 지나가죠. 밖에서 사고만 치지 않으면 된다면서 말이에요.

Q. 아이의 적대적 반항 장애를 혼자 감당해야 하는 엄마는 얼마나 속이 상하겠어요. 옆에서 지켜보는 다른 어른들이 좀 관여를 해야 하는 것 아닌가요?

A. 적대적 반항이 조금 센 어감의 용어여서 그런지 아이가 심하게 반항하는 경우에나 해당된다고 오해하곤 합니다. 사실 적대적 반항의 강도가 세지 않아도 적대적 반항 장애로 판명하는 경우가 많습니다. 옆에서 아빠가 보기에 별로 심한 반항으로 느껴지지 않을 수 있어요.

예를 들어보죠. 아이가 김치를 먹으라는 엄마의 말을 무시하고 먹지 않을 때가 있습니다. 스마트폰을 그만 보라고 하는데, 게임에 열중하기도 하죠. 옷을 갈아입고 씻은 후에 밥을 먹으라고 해도 귀찮은 듯 손도 씻지 않고 식탁에 앉습니다. 이 정도면 그냥 말 안 듣는 아이로 보이는 정도예요.

하지만 엄마가 말한 모든 걸 무시하는 상황이 매일

매일 몇 개월씩 반복된다고 생각해보세요. 엄마가 받는 스트레스는 말도 못 합니다. 결국 엄마가 큰소리로 화를 내면 아이도 같이 맞받아치면서 서로를 향해 짜증을 내고 언성을 높이며 화를 내기 시작합니다. 그제야 아빠도 뭔가 잘못됐다고 여깁니다. 하지만 이미 적대적 반항 장애가 상당히 고착된 상태라는 것을 확인할 뿐입니다.

Q. 아이에게 적대적 반항 장애가 고착되지 않도록 반항의 시기를 잘 보내려면 어떻게 해야 하나요?

A. 일단 엄마가 분노를 조절해야 합니다. 대부분 아이가 적대적 반항의 성향을 띠기 시작하면 엄마는 참을 만큼 참다 폭발하곤 합니다. 큰소리로 제압하거나 힘으로 누르거나 손으로 때리는 경우가 생기죠. 하지만 적대적 반항 장애의 완화에는 거의 도움이 되지 않습니다. 오히려 더 악화시키는 경우가 많아요.

　이때는 엄마 스스로 타임아웃을 잠시 걸어주면 좋습니다. 잠시 생각할 시간이 필요하다고 말하고는 안방에 들어가서 음악을 듣거나, 다른 소일거리를 찾아

처리하면서 일단 욱하고 올라온 감정을 가라앉히면 됩니다. 엄마가 욱하고 화내는 순간, 적대적 반항을 하는 아이는 자신의 목적을 이룬 것이나 다름없습니다. 한편 아이는 자신의 행동에 따라 반응하는 엄마를 무섭다고 느끼기보다 엄마가 결국 후회하고 힘들어할 것임을 알고 쾌감을 느낍니다.

Q. 부모 입장에선 속이 터질 노릇이겠네요. 그럼 우리 아이가 적대적 반항 장애인지 아닌지 알 수 있는 기준이 있을까요?

A. 국가건강정보 포털에서 적대적 반항 장애 진단 기준을 제시하고 있습니다. 거부적이면서 적대적이고 반항적 행동 양상이 최소한 6개월 이상 지속됐다는 것을 전제로, 다음에서 말하는 증상 중 네 가지 이상을 겪고 있으면 적대적 반항 장애로 봅니다.

- 자주 성을 내고 발끈 화를 낸다.
- 어른과 말다툼을 자주 한다.
- 어른의 요구에 응하거나 규칙에 따르는 것에 자주 반항하거나 거절한다.
- 자신의 실수나 나쁜 행실에 대해 지적하는 다른

사람을 자주 비난한다.

- 다루기 힘들고, 쉽게 다른 사람 때문에 성을 자주
  낸다.
- 자주 화를 내고 성질을 잘 부린다.
- 자주 심술을 부리거나 복수심이 강하다.

하지만 저는 네 가지든 세 가지든 중요하지 않다고
봅니다. 한두 증상이라도 6개월 이상, 1년 이상 지속
됐다면 이미 아이에게 적대적 반항 장애가 고착됐다
고 봐도 됩니다.

Q. 우리 아이가 진단 기준에 해당하는 증상으로 적대적 반항 행동
을 하면 어떻게 해야 하나요?

A. 적대적 반항 행동을 하는 아이들에게 필요한 처방은
등교입니다. 학급에서 단체 생활을 통해 규범과 규칙
을 익히고, 고학년으로 올라가 친구들과 함께 사춘기
를 지나면서 서로 정보 공유를 하다 보면 적대적 반항
증상이 저절로 호전되는 경우도 많습니다. 보통 네 명
당 한 명꼴로 적대적 반항이 학교생활 중에 저절로 완
화됩니다.

이때 가정 내 부모의 역할도 중요한데요. 적대적 반항 장애를 겪는 아이들과 적절한 대화를 통해 화를 조절하는 방법, 규칙 준수의 이유 등을 찬찬히 설명해주면 증상이 많이 완화될 수 있습니다. 하지만 아이가 겪고 있는 지금의 상황이 계속 방치되거나 통제되는 분위기일 때 일부 아이에게서 품행 장애로 나타나게 됩니다. 그렇게 되면 손쓰기가 무척 어려워집니다.

Q. 반항 장애가 품행 장애로 이어진다니, 구체적으로 어떤 차이인가요?

A. 적대적 반항 장애는 엄마가 말하는 것에 한해 부정하고 따르지 않는 것을 말합니다. 품행 장애는 상황이 조금 다릅니다. 친구의 물건을 내 것처럼 사용하거나 빼앗기도 합니다. 심지어 담배나 술처럼 일반적으로 초등학생이 해서는 안 되는 행동을 서슴없이 하기도 합니다.

대부분 학교 폭력 문제로 자주 언급되는 아이 중에 품행 장애로 이어진 경우가 많습니다. 적대적 반항의 성향을 띠는 아이를 어떻게 잘 보듬고 이끌어주느냐에 따라 품행 장애로 진행되는 것을 막을 수 있습니다.

Q. 유독 어른에게 민감하게 적대적으로 반항하는 아이들에 대한
이야기를 나눴습니다. 마무리로 강조하고 싶은 말씀이 있나요?

A. 몇 년 전까지 초등 교직 사회에서 6학년 담임을 한다
고 하면, 사춘기 아이들과 함께 참 힘든 한 해를 보내
겠다는 말을 듣곤 했습니다. 이제는 1, 2학년 담임을
한다고 하면 비슷한 시선을 받습니다. "1학년인데 그
런 아이가 있단 말이야?", "2학년밖에 안 되었는데 벌
써 그런단 말이야?"라고 생각하실 수도 있지만 적대
적 반항 장애에서 품행 장애로 이어지는 아이들이 점
점 늘고, 증상이 나타나는 시기도 빨라지는 추세입니
다. 하지만 아이들이 반항의 행동을 취한다고 해서 무
조건 꺾으려 들지 않았으면 좋겠습니다. 아이의 시선
에서 조곤조곤 설명해주길 당부드립니다.

초등 자녀와 잘 싸우는 방법

Q. 앞에서 자녀가 부모의 자존감에 상처를 주는 말을 할 때, 아이와 싸우라고 하셨어요. 그 얘길 듣고 부모가 초등 자녀랑 싸워도 되는 건가, 의아해하는 분들이 계셨을 것 같아요.

A. 네, 결론부터 말씀드리면 싸워도 됩니다. 오히려 싸우지 않는 관계가 심리적으로는 문제가 더 많을 수도 있습니다. 어느 한쪽이 일방적으로 맞춰주면 대부분 싸움 자체가 일어나지 않습니다. 그런 관계일수록 일방적으로 맞춰주는 쪽에서는 상처가 점점 더 깊어집니다. 물론 대화와 타협이 너무 잘돼 싸우지 않는 거라고 생각할 수도 있습니다. 그런데요. 정말 대화와 타협이 잘된다면 서로 싸우는 것조차 마다하지 않습니다. 싸움이 없다는 건, 둘 중 하나일 가능성이 높습니다. 누군가 전적으로 맞춰주거나, 둘 다 서로에게 관

심이 없거나.

Q. 무슨 말인지 이해는 되지만, 어린 자녀와 싸워야 한다고 하면 양육자 입장에서 부담이 될 것 같아요.

A. 네, 누군가와 싸운다는 것 자체로 많은 에너지가 소모됩니다. 누구라도 부담되는 일입니다. 그래서 싸움에는 목적과 방향성이 있어야 합니다. 특히 자녀와 싸울 때는 싸움의 목적을 항상 염두에 둬야 합니다. 그저 싸움이 자신의 감정을 푸는 데 목적이 있다면 결국 상대방은 상처를 받게 될 뿐입니다. 초등 자녀와 싸우는 목적은 주로 두 가지입니다. 첫째, 우리 아이가 '폭군 아이'가 되지 않도록 하려는 것입니다. 둘째, 부모와 자녀의 '분리'입니다. 두 가지 목적을 위한 싸움이라면 긍정적 다툼이 될 수 있습니다.

Q. '폭군 아이'라면 자기 마음대로 하는 아이를 말하는 거죠?

A. 네, 맞습니다. 아이가 뭔가를 잘못했을 때 훈육하고 상황의 경중에 따라 단호하게 말해야 하는데, 그러질 못한 경우에 '폭군 아이'로 성장할 수 있습니다. '폭군

아이'란 자신의 욕구 충족을 위해 자신이 모든 결정권을 가지는 아이를 말하는데요. 아이가 '폭군 아이'가 되면 보호자가 받는 심리적 상처가 큽니다. 만약 우리 아이가 이미 폭군 아이로 자랐다면, 그동안 자녀와 거의 싸움을 하지 않은 채 지내왔다는 말이기도 합니다. 부모 입장에서 어떻게 싸워야 할지 전혀 모르는 상황인 경우가 대부분입니다. 아이가 사소한 모든 것까지 자기 맘대로 해야 직성이 풀리는 '폭군 아이'라면, 친절함으로 대하기보다 속전속결로 대처하는 것이 좋습니다.

Q. 속전속결로 어떻게 하면 되죠?

A. 여기서 말하는 속전속결이란 아이 스스로 안 된다는 것을 깨닫게 하는 경험을 의미합니다. 보통 부모는 아이가 하지 말아야 할 것 중에서 예외를 만들곤 합니다. 또 떼쓰기 시작하면 그냥 어쩔 수 없이 하게 내버려두기도 합니다. 자신의 과도한 친절이 아이를 폭군으로 만드는 주요 원인이라는 점을 잊으면 안 됩니다.

일단 아이가 떼를 써서 무언가 획득하는 경험을 하

지 못하도록 해야 합니다. 아이가 무리한 요구를 하면 짧고 단호하게 싸웁니다. 여러 가지 이유를 설명하기보다 "안 돼!"라고 짧게 말하는 것이 좋습니다. 정말 안 된다고 단호하게 말해야 속전속결로 끝납니다. 아이가 몇 번이고 떼쓰고 우기는 것은 엄마, 할머니, 아빠가 안 된다고 말하면서도 사실 흔들리고 있음을 직관적으로 느끼기 때문입니다. 아이들은 부모의 말이 아니라 말할 때의 표정, 음성, 몸짓으로 알아듣습니다. 단호하게 "안 돼!"라고 말할 때는 마치 아주 높은 성곽의 성문을 굳게 걸어 잠근 모습을 연상시켜야 아이가 포기합니다.

Q. 단호하게 말해야 한다는 걸 알면서도 부모는 마음이 흔들리기도 할 텐데요. 특히 할머니는 더 마음이 약할 것 같고요.

A. 싸움에서는 기선 제압이 중요합니다. 기선을 제압하는 순간, 싸움에서 이기고 들어가는 것과 마찬가지입니다. 오히려 아이들이 먼저 어른들을 향해 기선 제압을 하려고 듭니다.

"엄만 내 맘 몰라."

"할머니는 너무 옛날 사람이야."

아이가 주도권을 잡으려고 하면 일단 멈칫하게 됩니다. 목소리도 작아집니다. 사실 기선을 제압당하면 싸움은 이미 끝난 것이나 다름없습니다. 마음이 흔들리기 때문이죠. '부모로서 부족하다'라거나 '조부모로서 부족하다'라고 생각합니다. 아이를 제대로 혼내지도 못합니다.

그런데 멈칫할 필요가 없습니다. 아무리 엄마라도 아이의 모든 마음을 다 알 수 없습니다. 불가능한 일입니다. 그리고 불가능한 일을 요구하는 아이의 말에 절대 뜨끔할 필요가 없습니다. 아무리 부부 간이라도, 부모 자식 간이라도 타인입니다. 타인에게 자신의 마음을 알아달라고 말하는 것은 무리한 요구입니다.

조부모도 마찬가지입니다. 자신이 할머니라서 할아버지라서 요즘 아이들을 잘 모른다고 생각할 필요 없습니다. 할머니나 할아버지는 격동의 한국 근현대 시기를 몸소 겪어온 경륜과 지혜를 갖고 있습니다. 조부모의 입장에서 안 된다고 판단된다면 멈칫하지 말고 단호하게 안 된다고 말하면 됩니다.

Q. 아이들과 싸우다 보면 우기거나 말대꾸를 하는 경우가 있잖아
요. 어른 입장에서는 뻔한 핑계를 대는 것도 같고요. 이럴 때는
어떻게 해야 할까요?

A. 축구 경기를 보면 홈팀이 홈그라운드에서 경기를 할
때 더 유리하다고 하죠. 어느 정도 사실입니다. 마찬
가지로 싸움을 할 때는 장소가 중요합니다. 중·고등
학교 시절을 떠올려보세요. 선생님이 종례를 마치며
"누구야! 지금 교무실로 따라와!"라고 말하면, 긴장되
지 않던가요? 선생님과 마주해야 하는 장소가 교무실
이니까요. 교무실은 아이들의 홈그라운드가 아니잖아
요? 실제로 똑같은 훈육을 하더라도 교실에서 할 때
와 교무실에서 할 때 아이들은 말대꾸를 하는 정도가
현저하게 다릅니다.

　간혹 교실에서 혼내면 버릇없이 구는 아이들이 있
습니다. 친구들 앞에서 선생님에게 말대꾸하는 걸 자
랑처럼 여기기도 합니다. 아이가 누군가에게 정말 버
릇없이 행동했다거나 피해를 주는 잘못을 했다고 판
단된다면 아이의 방을 찾아가서 혼내지 말고, 안방으
로 오라고 부르세요. 안방에서 혼내는 것이 더 효과적

입니다. 만약 부모와 싸울 때 아이가 물건을 던지거나 부수기도 한다면 반드시 안방으로 불러 혼내는 것이 좋습니다. 아이가 안방 앞으로 걸어와 문을 조심스럽게 열고 들어오는 과정에서 이미 싸움은 승부가 난 겁니다.

Q. 듣고 보니 정말 싸우는 장소가 중요하군요. 부모에게 거칠게 말하는 아이를 상대하는 방법으로 또 어떤 것이 있을까요?

A. 아이와 다툴 때 눈을 쳐다보는 것을 잊지 마세요. 적어도 지지 않는 싸움을 하려면 아이의 눈을 똑바로 바라봐야 합니다. 특히 눈을 끝까지 쳐다보면서 싸워야 할 때가 있습니다. 엄마, 아빠, 할머니, 할아버지에게 거칠게 말하는 아이와 싸울 때입니다. 아이가 어른의 눈동자를 피할 때까지 쳐다봐야 합니다. 먼저 눈을 피하면 아이가 더욱 거칠어질 수 있습니다. 아이의 눈동자를 바라보지 않은 채로 "그렇게 하면 안 되는 거야!" "그렇게 하지 말아야지!" 하고 말하면 별다른 소용이 없습니다. 오히려 여러 말을 하지 않아도 끝까지 눈을 마주하고 있을 때 아이에게 훨씬 더 큰 영향을 줄 수 있습니다.

Q. 초등 자녀와 싸울 때 피해야 할 것도 있을까요?

A. 아이를 혼내거나 아이와 싸울 때는 '부탁하는 형식'의
표현을 하지 않는 것이 좋습니다. 특히 아이에게 애원
하듯 훈육하는 부모들이 있습니다.

"제발, 이것 좀 먹자."
"이것 하나만 좀 해줘라."
"제발 한번은 좀 해야지. 부탁한다."

이런 말은 싸움이 아니라 애원할 때 쓰는 말입니
다. 버릇없이 구는 아이에게는 애원하듯 말하면 안 됩
니다. 부모가 애원하거나 부탁하는 투로 말하면 아이
는 자신이 해도 되고 안 해도 되는 선택 정도로 받아
들입니다. 아직 바른 생활 습관을 들이지 않은 아이가
애원하는 식의 말을 들으며 초등 시기를 보내면 좋은
생활 습관을 익힐 수 없습니다. 심지어 조금이라도 자
신의 마음에 들지 않는 말을 들으면 바로 화를 내면서
견디기 어려워하기도 합니다.

Q. 자녀와 싸울 때 무엇을 유의해야 할까요?

A.   싸움을 하더라도 모욕적인 말을 사용하면 안 됩니다. 모욕적인 표현은 아이의 마음에 상당히 깊은 생채기를 남기며 심지어 심리적으로 아이를 죽이는 것이나 마찬가지입니다. 특히 신체와 관련해 비아냥거리는 말투는 아이에게 상당한 모욕감을 줍니다. 부모도 마찬가지입니다. 아이가 부모에게 모욕감을 주는 언어를 사용하거나 행동과 표정을 드러내지 않도록 확실하게 주의 또는 경고를 주는 것이 좋습니다. 경고를 줄 때는 직접 말로 해야 합니다.

"그렇게 주머니에 손 넣은 채로 눈을 위아래로 훑으면서 말하는 거 아니야. 다시는 그런 모습 보이지 마."

부모를 향해 아이가 모욕적인 언사를 쓴다면 회피하지 말고 바로 응수하세요. 그래야 아이가 더 이상 모욕적인 표현을 함부로 사용하지 않습니다.

Q.   마지막으로 아이와 '잘 싸워야 하는' 엄마들을 위해 한마디 해주신다면요?

A.   《손자병법》에 '위태롭지 않을 만큼 싸운다'라는 말이

나옵니다. 저는 조금 다르게 표현하고 싶습니다. '위
태롭지 않기 위해 싸운다.' 지는 싸움을 할수록 상황
은 위태로워집니다. 적어도 지지 않을 만큼은 싸우길
바랍니다. 부모가 아이와 잘 싸울수록, 아이는 세상과
대면할 줄 아는 어른이 될 수 있습니다. 아이와의 싸
움을 회피하려는 순간, 자신의 내면을 살펴보십시오.
아이를 위해 싸우지 않는다고 생각하지만, 부모 또한
어떻게 싸울지 모르는 어린아이의 마음을 가진 어른
일 때가 더 많습니다. '아이가 언젠가는 철이 들어서
엄마, 아빠, 할머니, 할아버지의 마음을 알아주겠지'
하면서 지나가지 말길 바랍니다. 자신과 싸워주는 보
호자가 없을 때, 아이는 그저 철부지 어린아이로 계속
남을 뿐입니다.

마혼 엄마가 알아야 할 6학년 자녀의 특징

Q. 지금 학교에서 6학년 담임을 맡고 계시잖아요. 6학년 담임을 몇 번이나 하셨나요?

A. 6학년 담임은 여섯 번째 하고 있습니다. 5학년은 세 번 정도로 기억하고요. 3, 4학년을 맡기도 했습니다. 보통 6학년을 힘들어하는 선생님이 많습니다. 반면 저는 담임 배정 신청을 할 때 거의 5, 6학년을 1순위로 신청했습니다. 아이들을 가르치고 졸업시킬 때 느끼는 뿌듯함 같은 게 있습니다. 졸업하고서 훌쩍 자라 대학생이 돼 학교로 찾아오기도 하고, 군대에서 휴가를 받아 찾아오는 아이도 있습니다. 그렇게 다 자라서 오는 모습을 볼 때면, 대견하다는 생각이 듭니다.

Q. 요즘에는 사춘기가 빨리 와서 초등 6학년이면 대화하기 힘들다고 하던데, 어떤가요?

A. 사춘기에 접어든 아이들과 대화하기 어려운 건 맞습니다. 그런데 정확히 표현하면 어렵다기보다 매우 조심스럽습니다. 덩치만 컸을 뿐 심리적으로 재정립하는 시기를 겪고 있어서 마음 상태는 생각보다 상당히 여린 편입니다. 비유적으로 표현하면 사춘기는 나비의 애벌레가 고치를 뚫고 나오려고 안간힘을 쓰는 시기입니다. 또는 애벌레가 고치를 뚫고 나왔어도 아직 날지 못한 채 나무에 붙어 있는 시기죠. 심리적으로 혼란스럽고 매우 약한 시기입니다.

정작 어려운 것은 대화보다 아이들의 감정선을 따라가는 것입니다. 아이들은 어른 입장에서는 대수롭지 않은 것들에 매우 민감하게 반응하기 때문이죠. 아이마다 느끼는 민감함이 다르기 때문에 반응도 다르게 해줘야 합니다. 실제로 학교에서도 스무 명 넘는 아이들에게 각각 맞추려면 상당한 조절력과 균형감이 필요합니다.

Q. 아이들이 민감하게 반응한다는 게 구체적으로 어떤 의미인가요?

A. 아이들은 자신과 친하게 지내던 친구가 잠깐 다른 친구와 놀고 있는 모습만 봐도 혹시 이제 자기를 안 좋게 생각하는 건 아닌지 염려합니다. 또는 친구들이 복도에서 웃고 있는 모습을 보고 자기를 비웃는 것은 아닌지 불안해합니다. 그래서 가급적 믿을 만한 내 편을 만들기 위해 자신과 친한 그룹을 만들어 강한 애착을 형성하기도 합니다

Q. 심리적으로 많이 민감한 시기가 맞는 것 같네요. 사춘기 시기에 학부모가 알아야 할 6학년 자녀의 특징으로는 어떤 것들이 있을까요?

A. 우선 학급 친구의 말로부터 상상 이상의 영향을 받는 시기라는 것을 염두에 둬야 합니다. 아이가 집에 돌아와 학급 친구 사이에서 힘들었던 점을 이야기하며 속상해할 때가 있습니다. 그때 "친구가 겨우 그런 말을 한 것 가지고 뭘 그렇게 힘들어하니?", "그냥 잊어버려"와 같이 대수롭지 않게 대꾸하는 부모가 있습니

다. 아이에게 사춘기 시기는 친구의 말 한마디, 행동 하나, 눈빛 하나, 작은 손동작 하나까지도 강하게 전 달되는 시기입니다. 아이가 친구들의 말이나 행동에 휘둘리지 않고 그냥 대범하게 잊어버리면 좋겠다는 마음에 네가 잘못이라는 식으로 말하지 않길 바랍니다.

Q. 사춘기 시기에 친구의 작은 말 한마디에 큰 영향을 받는 이유는 뭔가요? 왜 그렇게 느끼는 거죠?

A. 초등 이전에는 대부분 엄마, 아빠, 혹은 할머니, 할아 버지의 인정을 받으면 자신의 존재감을 느낄 수 있었 습니다. 초등학교 입학 이후엔 존재감을 확인시켜주 는 대상이 엄마, 아빠에서 학교 선생님으로 바뀝니다. 그래서 저학년은 엄마와 아빠를 대신하는 담임교사 로부터 인정받으면 학습이나 생활 면에서 높은 성취 도를 나타냅니다.

　하지만 5, 6학년이 되면 담임교사 같은 어른이 인정 을 받아야 하는 대상에서 자신을 구속하고 속박하는 대상으로 바뀝니다. 그 대신 또래 친구들 사이의 우정 과 신뢰 속에서 자신의 능력을 인정받을 때 진정한 존재감을 느낍니다. 즉 사춘기는 어른들로부터 인정받던 시기에서 또래로부터 인정받길 원하는 시기로 넘어가는 과도기라 할 수 있습니다.

Q. 그럼 사춘기에 또래로부터 인정받는 것이 아이들의 자존감에도 큰 영향을 주겠네요.

A. 네, 친구들에게 인정받고 신뢰를 얻는 느낌은 아이의 자존감에 큰 영향을 줍니다. 그런데 친구 중에는 자신에 대해 좋은 이야기를 하는 친구도 있지만, 좋지 않은 얘기를 하는 친구도 반드시 있기 마련이지요. 즉 모든 친구가 내 편이 될 수는 없습니다. 게다가 아직은 미성숙한 아이일 뿐입니다. 처음에는 둘도 없는 절친이었던 친구가 자신이 없는 자리에서 안 좋은 이야기를 했다는 사실을 알게 되면 상상을 초월하는 배신감과 아픔을 느끼기도 합니다.

Q. 아이가 친구에게 배신을 당한 사실을 알게 된 보호자는 어떻게 해줘야 할까요?

A. 부모님의 역할이 무척 중요합니다. 일단 아이가 자신

이 처한 상황에 대해 생각할 시간을 충분히 줘야 합니다. 간혹 자신이 친구에게 뭔가를 잘못해서 배신을 당했다고 결론을 내리는 아이가 있습니다. 절대로 아이가 자책하지 않도록 옆에서 알려줘야 합니다.

　　아이는 어떻게든 친구와 다시 친해지고 싶은 욕망이나 불안감 때문에 자책하기 쉽습니다. 이때는 친구와 다시 친하게 지내는 방법을 찾는 것이 해답이 아닙니다. 자신을 배신한 친구와는 다시 친하게 지내지 않아도 됩니다. 친구와 소원해지더라도 자신의 존재 가치가 떨어지는 것이 아니라는 사실을 이해할 수 있도록 도와줘야 합니다. 친구와는 얼마든지 헤어져도 됩니다. 오히려 더 건강한 자아를 갖는 계기가 될 수 있습니다.

Q. 6학년 정도 되면 친구 관계로부터 큰 영향을 받는다고 하셨는데, 또 어떤 특징이 있을까요?

A. 초등 시기 중에서 6학년은 학습에 대한 긴장도나 불안도가 가장 높은 때입니다. 부모가 보기에 정말 공부를 하지 않고 노는 아이라도 이때만큼은 학습에 대한

염려를 많이 합니다. 겉으로만 아닌 척하고 속마음을
표현하지 않을 뿐이지요. 공부를 열심히 잘하던 아이
도 중학교에 진학해 계속 잘할 수 있을지 불안해하는
시기입니다. 또 공부에 약한 아이는 지금껏 학업성취
도가 낮았던 경험 때문에 더 불안해합니다.

Q. 부모 입장에서도 초등 6학년이면, 학습에 신경을 안 쓸 수가 없
어요. 그런데 학업 스트레스를 가장 많이 받는 시기라니 난감합
니다. 이때 부모는 어떻게 아이에게 다가가야 할까요?

A. 불안이나 스트레스를 낮추는 간단하고도 쉬운 방법
이 있습니다. 바로 행동하고 실천하는 것입니다. 아이
들에게서는 분명하게 효과가 나타납니다. 사실 학습
과 관련한 행동과 실천은 복잡하지 않습니다. 매일 일
정한 양으로 꾸준히 공부하는 것만으로도 학습 관련
불안도를 낮출 수 있습니다.

　이때 아이들에게 격려의 말을 해주면 더욱 좋습니
다. 아이도 나름대로 꾸준히 공부하고 있는데 "겨우
그 정도로는 안 돼" 하고 기를 꺾으면 오히려 불안도
만 높일 뿐입니다. 일단 아이가 실천하는 기회를 함께
만들어주고, 실천 과정 중간에 긍정적 피드백을 주면

학습 스트레스나 염려를 낮출 수 있습니다.

Q. 6학년 아이는 민감도가 높아지고 친구 관계로부터 영향을 받으며 학습 스트레스가 높은 특징이 있다고 하셨는데요. 이 밖에도 더 알아야 할 특징이 있나요?

A. 네, 6학년 시기의 아이는 자신에게 들리는 이야기를 확대 해석해 받아들이곤 합니다. 보통 저학년 아이는 주로 자기중심적 사고를 하기 때문에 사고의 폭이 좁습니다. 그러다 중학년이 되면 논리적 사고 과정을 배우고 익힙니다. 논리적 사고를 통해 나름대로 관계성과 객관성을 유지하는 법을 배웁니다.

이제 고학년이 되면 논리적 사고를 바탕으로 추리력도 갖춥니다. 그런데 어떤 상황이나 이야기에 대한 근거가 있다면 추리적 사고가 합리적 의심을 키우는 객관적 사고의 뼈대가 되지만, 근거가 부족할 때는 소문을 확대 해석한 결과를 진실로 받아들이는 주관적 사고의 뼈대가 됩니다. 특히 자신에 대한 안 좋은 이야기가 떠돌 때 객관적 판단이 불가능한 상태로 몰아가기도 합니다.

Q. 주관적 사고에 빠져 확대 해석하려는 아이에게 부모는 어떻게 말해줘야 할까요?

A. 일단 아이가 어떤 사안에 대해 해석하려는 행위 자체는 칭찬해줘도 됩니다. 추리 과정 자체는 논리를 넘어 추상적 사고를 터득하기 위한 전조 과정이므로 꼭 필요합니다. 따라서 아이가 나름대로 해석하고 추리하려고 시도했다는 사실 자체는 인정해줘야 합니다. 단, 아이가 확대 해석을 통해 잘못된 결론을 내놓았다면 "그렇게 해석하고 판단하면 안 돼. 잘못된 거야"와 같이 단호하게 말하고서 아이가 추리를 멈추도록 해야 합니다. 그리고 확대 해석한 부분에 대해서만 구체적으로 어떻게 잘못됐는지를 말해주면 됩니다.

Q. 초등 6학년 아이의 특징들에 대해 자세한 이야기를 나눠봤는데요. 마지막으로 보충하실 말씀 있으신지요.

A. 초등 6학년은 심리 상태가 생각보다 많이 혼란스럽고 많이 연약합니다. 특히 그동안 어린이로서 누리던 혜택이 많이 줄어드는 경험을 하는 시기입니다. 덩치가 커졌다는 이유로 혜택은 줄어드는 동시에 책임이 늘

어나 부담을 느끼죠. 이제 많이 컸으니 '알아서 하겠
지', '알아서 견디겠지', '괜찮겠지' 하기보다 한 번 더
살펴봐주고, 물어보고, 사소한 것이라도 관심을 가져
주길 부탁드립니다. 그와 동시에 엄마도 마흔 즈음의
시기를 지나며 스스로에 대해 되돌아보는 시간을 갖
길 바랍니다. 엄마가 홀로 서면, 아이는 저절로 분리
됩니다.

부모 간의 자녀 교육 갈등

Q. 마흔 즈음, 엄마와 아빠의 교육관에 차이가 많은 편인가요?

A. 학부모 사이에 교육관이 같은 사례를 거의 보지 못한 것 같습니다. 그나마 자녀 교육에 있어 별다른 다툼이 없는 부모는 교육관이 맞아서라기보다 그냥 어느 한쪽이 다른 한쪽에게 교육을 거의 전적으로 일임하는 경우죠. 엄마와 아빠의 교육관 차이 때문에 갈등을 겪는 가정이 생각보다 많습니다. 부부 심리 상담 전문가의 이야기를 들어보면, 자녀 교육 문제로 시작해 부부 갈등으로 이어지는 사례도 종종 있다고 합니다.

Q. 엄마와 아빠의 자녀 교육 갈등 중 대표적인 사례는 무엇인가요?

A. 부모의 자녀 교육 갈등 사례 중 대부분은 '학원', '과
외' 문제일 겁니다. 예를 들어 아빠는 학원에 보낼 필
요가 없다고, 과외는 더더욱 필요 없다고 생각합니다.
그저 초등 시기는 건강하게 잘 놀면서 지내면 된다고
여기죠. 공부도 중간 정도면 충분하다고 생각하는 편
입니다. 엄마는 좀 다른 생각을 갖고 있어요. 아무래
도 주변 엄마들 얘기를 많이 듣게 되니 학원을 안 보
낼 수 없다고 생각하죠. 하지만 아빠와 의견이 합치되
지 않아 학부모 상담 중에 학원을 보내는 것이 좋을지
물어보는 어머니가 많습니다.

Q. 그럴 때는 어떻게 대답해주시나요?

A. 사실 학원을 보낼지 여부는 아이마다 다릅니다. 성향,
평소 학습 태도, 공부 동기 등을 고려해야 하죠. 그래
서 아이의 상황에 따라 다른 답변을 드립니다. 그런데
엄밀히 생각하면 어머니가 학원과 관련해 질문할 때
해답은 이미 정해져 있습니다. "그거 봐라, 담임 선생
님도 학원을 보내라는데, 당신만 왜 안 보내려고 하느
냐"라는 것이죠. 일종의 자기 편 만들기식 질문을 주

로 합니다. 하지만 먼저 엄마와 아빠 모두 아이의 상황을 객관적으로 인지하려고 노력해야 합니다. 그다음에 학원에 보낼지 말지 결정해야 합니다. 학원의 필요성 여부를 아이의 상황을 고려하지 않고 그저 개인의 가치 판단에 따라 결정하려 들면 부모 사이의 갈등이 멈추지 않을 겁니다.

Q. 사실 아이를 잘 관찰해도 부모가 모를 때가 많거든요. 학원 문제로 계속 갈등이 팽팽할 때, 어떻게 해야 하나요?

A. 학원을 보내야 할지 말아야 할지를 두고 의견을 좁힐 수 없고 선뜻 판단이 서질 않는다면 부모 사이에 역할을 나누는 것도 좋습니다. 예를 들어 아빠는 학원을 보내지 않는 것이 좋겠다고 생각하고, 엄마는 학원을 보내는 것이 아이에게 필요하다고 생각하면, 과목을 나눠서 학원을 다니게 하는 것도 괜찮습니다. 아빠가 짬을 내서 자신 있는 과목, 예를 들면 수학 숙제를 직접 내주고 검사도 하면서 아이 스스로 공부할 수 있게 해보는 겁니다. 또 엄마는 아빠가 맡지 않은 과목인 영어를 맡아서 학원을 알아보고, 등원 스케줄을 관리

하고, 학원 숙제나 진도를 체크해 아이가 잘 따라가고 있는지 확인하는 겁니다. 둘 중 어느 쪽이 우리 아이에게 더 잘 맞고 도움이 되는 방법인지 판단되는 시기가 오면, 그때 또다시 조정하면 됩니다.

　실제로 엄마와 아빠가 아이의 학원 문제를 과목별로 나눠서 접근하는 경우를 봤는데, 결국 아빠가 학원을 보내는 쪽으로 바꾸시더군요. 매일 일정한 시간에 공부시키고 검사하는 게 만만찮은 일이거든요. 오히려 반대의 경우는 성공한 사례를 본 적 있습니다. 아이를 학원에 보내지 않는 대신 엄마가 매일 꼼꼼하게 과제도 점검하고 진도도 확인하며 공부를 시키더군요.

Q. 학원 문제가 아니라 초등 시기에 좀 놀게 해줄 것인가, 공부를 시켜야 할 것인가로 갈등한다면 어떻게 해야 할까요?

A. 아이의 발달 심리 측면에서 보면 초등 시기는 근면함과 성실함을 배우고 익히는 중요한 시기입니다. 아이가 놀면서 자라도록 하겠다는 생각으로 일정한 루틴이나 아이가 가져야 할 책임 의식, 자신의 역할을 완수하는 과정을 배우지 못한다면 자칫 근면하고 성실

한 자질을 키우지 못한 채 성장할 수 있습니다. 초등 시기에는 공부하고 책 읽는 생활 습관만 길러도 충분히 근면성을 키울 수 있습니다. 따라서 기본적인 학습 습관을 갖도록 꾸준히 신경을 써야 합니다. 그냥 놀게 놔두면 안 됩니다. 놀 때 놀더라도 학습 관련 성취와 연관된 계획을 세워서 체험 학습 같을 것을 하면서 놀도록 이끌어주면 좋습니다.

Q. 엄마와 아빠가 자주 겪는 자녀 교육 갈등으로 또 어떤 게 있을까요?

A. 인터넷 게임과 관련된 갈등입니다. 주로 엄마는 게임이 아이에게 나쁘다고 생각해서 어떻게든 못 하도록 막는 편입니다. 반면 아빠는 퇴근 후 집에 돌아와 선심을 쓰듯 아이와 함께 컴퓨터 게임을 하는 경우가 많습니다. 아이와 함께하는 즐거운 시간도 일종의 교육으로 받아들이고 있는 것이죠. 하지만 그런 아빠의 생각을 그냥 받아들이고 아이와 함께 놀게 놔두어도 되는지 고민하고 갈등하는 엄마들이 생각보다 많습니다.

Q. 그런 경우에 어떻게 해야 하나요? 아이와 함께 게임을 하는 게 좋은 건가요?

A. 저는 아이와 함께 게임을 하는 아버지들에게 묻습니다. '우리 아이가 친구랑 하루에 몇 시간 정도 인터넷 게임을 하는지 아시나요? 우리 아이가 혼자서 어떤 게임을 하루에 몇 시간 정도 하는지 아시나요?' 만약 제 질문에 분명하게 답하지 못한다면 아이와 함께 게임을 하지 않는 게 좋습니다. 그만큼 관심이 없다는 말입니다. 그리고 만약 아이와 함께 게임을 하려면 아내에게 물어봐야 합니다. 아이가 인터넷에 접속해 친구와 한 시간 이상 게임을 했는지를요. 만약 이미 게임을 어느 정도 했다면 그날은 아빠와 함께 게임을 하기보다 운동장으로 나가 농구 같은 운동을 하는 것이 더 좋습니다.

그런데 한 가지 숨은 사실이 있습니다. 아빠가 아이보다 더 게임을 하고 싶어서 자녀 교육이라는 명분으로 아이와 함께 게임을 하는 경우도 많습니다. 만약 이 책을 보고 있는 아버지가 있다면 자신의 속마음을 직시하길 권합니다. 그리고 우리 아이가 오늘 친구들과 함께 인터넷 게임을 하지 않았다면 잠깐 시간을 내서 함께 게임을 하는 것도 나쁘지 않지만, 가급적 보드게임, 바둑, 체스, 장기, 농구, 축구, 배드민턴 같은 활동들을 권합니다. 정 게임을 하고 싶다면 아버지 혼자 밤에 몰래 하길 권합니다.

Q. 자녀 교육 문제에 대한 해결 방법으로 권하지 않는 방법이나 사례가 있을까요?

A. 대표적인 자녀 교육 갈등 사례를 하나 소개하겠습니다. 한 아이의 어머니와 아버지가 자녀 교육 문제로 다퉜지만 결국 어머니가 이겼습니다. 어머니는 이것저것 알아본 후 나름대로 아이를 가르치려고 했습니다. 그런데 며칠 후, 혹은 명절 때 시댁을 방문했습니다. 시어머니가 대뜸 한 말씀 합니다. "애 그렇게 키우면 안 된다! 니 애비는 그렇게 키우지 않아도 잘했다! 그러니 애비 말 들어라!" 이런 상황이면 이제 더 이상 수습은 불가능합니다. 자녀 교육 문제로 다툰 상황을 집안 어른들에게 말씀드려 상황을 확대시키는 것은 권하고 싶지 않습니다. 자녀 교육 문제가 부부 문제로 번지면 좋을 것이 하나도 없습니다.

Q. 그럴 바엔 자녀 교육을 아예 한 사람이 맡는 게 낫지 않을까 싶기도 한데요.

A. 실제로 한 사람이 자녀 교육을 전담하는 경우도 많지요. 아버지가 자녀 교육에 전혀 도움이 안 되니 차라리 회사에서 늦게까지 일하기를 바라는 어머니도 있습니다. 아버지가 아이의 학습에 전혀 관여하지 않을 때 도움이 된다고 생각하는 어머니도 있었고요.

어느 한쪽이 자녀 교육을 일임하고, 다른 한쪽은 거의 개입하지 않는 방식은 결코 좋지 않습니다. 엄마와 아빠가 자신의 교육에 모두 관심이 있다는 것을 느끼는 것만으로도 아이는 상당한 안정감을 느낍니다. 자신이 모두에게 관심을 받는다는 만족감도 느끼죠.

부모의 입장에서도 마찬가지입니다. 만약 아이가 진로, 학습, 친구 관계 등의 문제로 고민할 때, 엄마나 아빠 중 한 사람하고만 소통하려 한다면, 부모 중 한 사람은 자녀와 단절된 아픔을 겪을 가능성이 높습니다.

Q. 자녀 교육 문제에서 엄마와 아빠가 서로 갈등을 줄이려면 어떻게 해야 할까요?

A. 거시적 관점에서 자녀 교육에 대한 대화를 자주 나누고, 초등학교 입학 이전에 어느 정도 큰 방향을 함께 정해두면 좋습니다. 아이의 학습, 정서, 사회성, 예체능 적성 등과 관련해 많이 상의하고 가족의 경제적 상황까지 고려한 대화를 많이 나누길 권합니다. 엄마와 아빠가 서로 배려해 아이의 교육에 쓸 수 있는 시간도 할애해야 하고요.

보통 초등 3, 4학년 즈음이면 자녀의 양육과 교육에 쏟은 기간이 거의 10년 정도 됩니다. 만약 한 사람이 도맡아 했다면 지치기 마련입니다. 마흔 즈음의 엄마들이 심리적으로든 육체적으로든 아프기 시작하는 시기와 비슷하게 맞아떨어집니다. 부모가 상의해 큰 틀에서 공통된 방향성을 맞추시되, 서로 지치지 않도록 배려해 역할을 잘 분배해야 청소년기까지 자녀 교육을 무리없이 이어갈 수 있습니다.

Q. 역할 분배가 중요할 것 같은데, 어떤 방식으로 하면 좋을까요?

A. 대체로 어머니와 아버지는 서로 상대방이 어떤 부분에서 자기보다 더 뛰어난지 잘 알고 있습니다. 상대방

이 더 낫다고 생각하는 부분을 먼저 부탁하는 것이 좋습니다.

"당신이 운동 쪽에 소질이 있잖아. 우리 아이가 운동하는 습관을 들이는 부분은 당신이 맡으면 좋겠어. 같이 하면서 가르쳐도 되고, 가까운 운동 학원을 좀 알아봐도 되고, 당신이 직접 가서 좀 괜찮은 곳인지 체크해주고."

학습 분야도 마찬가지입니다. 배우자가 좀 더 학습에 대해 잘 알고 있다고 판단되면 본인 대신 신경 좀 써달라는 이야기를 먼저 건네는 것이 좋습니다.

Q. 엄마와 아빠 사이에 자녀 교육으로 이렇게 갈등이 많은지 몰랐습니다. 끝으로 하고 싶은 말씀이 있나요?

A. 자녀 교육은 부모가 함께 책임을 져야 하는 일입니다. 어느 한쪽에 일임하면 안 됩니다. 엄마 입장에서, 또 아빠 입장에서 해줄 수 있는 것을 최대한 찾아 서로 의견을 조율하는 과정이 무척 중요합니다. 아이는 부모가 자신의 교육을 위해 상의하는 과정을 보면서 타

협을 배우고 대인 관계를 배웁니다. 틈틈이 자녀 교육 관련 서적과 심리 관련 서적을 읽어보길 권합니다. 교육관은 자신이 살아온 삶의 가치관과도 이어져 있습니다. 엄마와 아빠가 가진 삶의 가치관을 좀 더 건강하고 풍요롭게 만들기 위해 독서와 사색을 꾸준히 한다면 분명 도움이 될 겁니다.

외동아이에 대한 염려와 생각들

Q. 요즘 외동아이들이 많죠?

A. 한국보건사회연구원 조사에 따르면 20년 전까지는 네 집 중 한 집이 외동아이를 둔 가정이었습니다. 하지만 통계청에서 발표한 <아동가구통계등록부> 자료를 보면 2019년 기준으로 18세 미만 아동이 있는 가구 중에서 자녀가 한 명만 있는 가구의 비율이 50.8%로 절반을 넘었습니다. 두 명인 경우는 41.7%였습니다. 즉 아동이 있는 가구의 비율이 해가 갈수록 감소하고 있습니다. 현재 초등학교 교실에 앉아 있는 아이들 중 50% 이상은 외동이라고 보면 됩니다. 실제로 제가 맡고 있는 학급에서는 60% 정도 됩니다.

Q. 외동아이는 사회성이 부족하지 않을까 하는 염려를 많이 하는데, 선생님 보기에는 어떤가요?

A. 글쎄요. 외동아이라서 사회성이 부족하고 버릇이 없다면, 외동아이가 60% 이상인 학급의 담임교사인 제가 무척 어려움을 느끼겠죠? 하지만 저는 아이들이 사회성이 부족하다고 느끼지 않았습니다. 실제로 지난 3월에 실시한 다면적 진로 탐색 검사에서 우리 학급 아이들의 '사회성' 지수가 높게 나오기도 했습니다. 외동인지 아닌지에 따른 변별 요인은 찾아볼 수 없었습니다. 게다가 요즘에는 아이들이 서너 살만 돼도 어린이집이나 유치원을 다니기 시작하고 초등 6학년이 되면 거의 10년간 공동생활을 경험합니다. 단지 외동이라는 이유로 사회성이 부족할 거라는 생각은 편견에 가깝다고 보면 됩니다.

Q. 가정에서 외동아이를 오냐오냐하고 키워서 이기적일 거라고 생각하는 사람도 있는데, 어떤가요?

A. 어른의 시각에선 외동아이가 자기만 생각하고, 먹고 싶고 갖고 싶은 것에 욕심을 내는 것처럼 보이죠. 하

지만 어른이 생각을 바꿔야 합니다. 원래 아이는 외동이든 아니든 자기중심적입니다. 더 나아가 이기적입니다. 보통 여섯 살 이후부터 자기중심성에서 벗어나기 시작합니다. 따라서 외동이기 때문에 이기적인 것이 아니라 발달 과정상 자기중심적이고 이기적인 시기라고 보는 게 더 맞습니다. 만약 아이가 외동이라서 이기적이라고 단서를 붙이면, 외동이 아닌 아이들은 그렇지 않아야 할 겁니다. 하지만 오히려 형제 간 경쟁으로 인해 상처를 받거나 자기중심적 성향을 더 오래 유지하는 아이도 많습니다.

Q. 아이가 혼자면 외로울 테니 형제가 있어야 한다고 말하는 사람도 있잖아요. 실제로 혼자인 아이들이 더 외로움을 많이 타나요?

A. 저학년에서는 직접 면담을 해보지 않아서 어떤지 잘 모르겠습니다. 그런데 5, 6학년은 면담 중 외동 학생들에게 물어보거나 설문 조사 형식으로 종종 조사를 합니다. 그러면 대부분 '혼자여서 좋다'라고 대답합니다. 심지어 형제의 필요성을 느끼지 못하는 아이도 많았고요. 즉 혼자라서 더 외롭다는 생각을 잘 안 한다

는 뜻입니다. 오히려 형제자매가 있는 고학년의 경우 형제 간의 갈등 때문에 힘들다거나 화가 난다는 아이도 많았습니다.

Q. 얘기를 듣고 보니 외동아이라서 안 좋을 거라는 건 편견이었네요. 그렇다면 외동아이를 키우는 부모가 유의할 점은 뭐가 있을까요?

A. 아이가 외동이라서 유의해야 할 점이 아니라 오히려 엄마와 아빠가 '처음이라서' 유의해야 할 점을 상기시켜드리고 싶습니다. 외동이라는 말은 아이가 자라서 성인이 될 때까지 부모가 자녀와 관련해 겪는 모든 과정이 '처음'이라는 말과 같습니다. 특히 처음으로 자녀 교육 문제를 맞닥뜨린 많은 학부모가 지금 현재 상황에 집중하는 경향을 띱니다. 눈앞에 닥친 상황만 살피죠. 그러다 보면 자녀 교육에 과도한 열의를 보이곤 합니다. 지금 눈앞의 문제보다 3년 정도 앞선 과정을 먼저 살피고 미리 익히는 과정이 필요합니다.

Q. 아이 나이보다 3년 정도 앞서서 미리 준비해야 한다는 건가요?

A. 네, 예를 들어 우리 아이가 네 살입니다. 3년 뒤 초등
학교 1학년이 될 즈음이라고 가정하고 아이의 신체
발달, 인지 발달, 정서 발달 관련 자료와 책을 찾아 읽
고, 전문가의 강연도 들어보세요. 또 마찬가지로 아이
가 1학년이 되면 4, 5학년이 될 때를 떠올리면서 신체
발달, 인지 발달, 정서 발달, 초등 사춘기 관련 자료와
책을 찾아 읽어보세요. 가까운 서점에 가서 아이들 학
습지를 한번 쭉 살펴보면 인지 발달 과정이 한눈에 보
일 겁니다. 지금 현재 아이의 학년에 해당하는 과정보
다 앞으로 3년 후의 과정에 해당하는 문제집을 훑어
보면, 자녀 교육의 속도를 어느 정도로 맞춰야 할지
파악할 수 있습니다.

Q. 단순히 선행 학습을 준비하기보다는 부모가 아이의 성장을 미
리 대비하라는 말씀이신가요?

A. 네, 그렇습니다. 일반적인 발달 과정이 있지만, 엄밀
히 따지면 아이마다 발달 과정에서 편차가 있습니다.
어떤 아이는 신체 운동 기능이 또래보다 앞서고, 어떤
아이는 정서적 공감 능력이 앞섭니다. 어떤 아이는 인

지 능력이 앞서고요. 부모 입장에서는 자녀 교육을 위해 물심양면으로 투입을 하면 최소한 투입한 만큼은 나올 거라고 기대하기 마련입니다. 하나밖에 없는 우리 아이가 할 수 있도록 지원해주면 모든 분야에서 탁월한 아이로 자랄 거라고 믿죠. 그런데 사실 불가능한 일입니다. 아이마다 고유한 성격, 민감도, 내향성과 외향성, 감각, 직관력 등에 따라 잘해내는 것이 있고, 유달리 어려워하는 것이 있습니다. 그리고 부모의 기대감은 고스란히 아이에게 스트레스로 전달될 뿐입니다.

Q. 외동이다 보니 자연스럽게 부모의 관심과 기대가 집중되는 건데, 아이에겐 그게 스트레스일 수 있겠네요. 외동아이를 키울 때 좀 더 관심 있게 봐야 할 것으로 또 뭐가 있을까요?

A. 외동아이와 형제 사이에서 자란 아이들을 비교한 연구들은 굉장히 많습니다. 그런데 아이들의 사회성, 자기중심성, 우울도와 같은 성향을 찾는 연구 결과를 보면 두 그룹 간에 유의미한 변별성을 찾아볼 수 없다고 합니다. 그보다 가정 환경과 교육 수준에 따라 유의미한 변별성이 생긴다고 합니다.

단, 외동아이들이 취약하기 쉬운 항목이 한 가지 있습니다. 바로 '비만도'입니다. 여러 연구가 있는데 스웨덴 예테보리대학교의 연구가 주목할 만합니다. 2~9세 1만 2,700명을 대상으로 조사한 결과, 외동아이가 여느 아이보다 비만하거나 과체중일 위험이 50% 이상 높은 것으로 나왔습니다.

특히 중국에서는 최근 몇십 년간 국가 주도하에 한 자녀 정책을 펼쳐왔습니다. 관련 연구 결과를 보면 2만 명을 대상으로 한 조사에서 외동아이가 형제자매 사이에서 자란 아이보다 과체중일 가능성이 36%, 비만일 가능성이 43% 높은 것으로 집계됐습니다.

한국에서는 관련 연구를 찾을 수 없었습니다. 개인적으로 저희 학교에서 실시하는 신체 발달 검사 결과를 놓고 체질량지수BMI가 높은 아이들을 대상으로 조사해봤습니다. 중국이나 스웨덴의 연구 결과처럼 높지는 않았지만, 외동과 비만 사이에 서로 유의미한 상관관계를 찾을 수 있었습니다.

Q. 비록 한 명일지라도 아이를 키우는 부모는 신경 쓸 게 정말 많은 것 같아요. 그런데 어른들은 아이 하나 키우는 게 뭐 그리 힘들어서 호들갑을 떠냐고 해요. 당신들은 아이를 서넛씩 낳았다고 하시면서요.

A. 그래서인지 외동아이를 키우는 엄마가 받는 스트레스의 원인이 의외로 자녀가 아닌 경우가 많습니다. 아이보다는 주변 어른의 참견 때문에 스트레스를 더 받는다고 해요. 외동아이를 낳고 키우는 동안 사소한 일이라도 하나 생기면 "외동이라서 그렇다"라면서 원인을 호도하는 따가운 시선과 말투 때문에 힘들어합니다. 결국 어른들은 "둘째는 언제 낳을 거냐"라고 물어보며 한 번 더 스트레스를 주죠. 아이를 더 낳지 않는 며느리 잘못이라는 뉘앙스의 말도 거리낌없이 내뱉습니다.

대부분 어머니들은 결혼 전에는 언제 결혼할 거냐는 질문을 받고, 결혼 후에는 언제 아이를 낳을 거냐는 질문을 받고, 아이를 낳으면 적어도 두 명은 있어야 한다는 말을 들으며 지난 10년을 지내왔습니다. 사실 아이 문제는 부부가 주체적으로 결정하면 됩니다. 주변 어른들이 직접 낳아주고 키워주고 가르칠 게 아

니라면, 외동아이를 둔 엄마에게 "외동이니까 그런 거
다. 그러니까 더 낳아라"라거나 "더 낳아야 했다"라는
식의 말을 삼가주면 좋겠습니다. 외동아이와 자녀 교
육의 문제 상황은 대체로 상관관계가 없습니다.

Q. 외동아이 양육에 대한 이야기를 나눴는데요. 마지막으로 당부
할 말씀이 있다면요?

A. 네, 이것 하나만 다시 한번 짚고 넘어가겠습니다. 아
이가 사회성이 부족하거나 이기적이거나 외로워하거
나 힘들어하면 '외동이라서 그렇다'는 식으로 쉽게 결
론 내리지 않았으면 합니다. 자녀 교육과 발달 과정은
종합적으로 바라봐야 합니다. 외동이라는 이유로 단
정 지어버리는 순간, 교육으로 해결할 수 있는 기회를
닫아버리고 맙니다.

　　외동이라서가 아니라 부모가 아이를 처음 키워봐
서, 아직 자녀 교육에 서툴기 때문입니다. 외동이든,
형제자매 사이에서 자란 아이든, 부모 역할에 서툰 가
정에서는 아이의 신체 발달, 정서 발달, 인지 발달 면
에서 문제가 발생할 수밖에 없습니다. 자녀의 수를 원

인으로 돌릴 것이 아니라 마흔 즈음의 시기를 겪고 있
는 부모가 자신의 역할 공부에 더욱 매진하길 당부드
립니다.

다른 학부모와의 갈등

Q. 아이들 사이의 갈등이 아닌, 학부모 사이의 갈등이 자주 일어나 나요?

A. 아이들 사이에 갈등이 일어나면 학부모 간의 갈등으로 옮겨갈 확률이 높습니다. 최근 들어 학교 폭력 등으로 인해 친구 관계에서 갈등이 늘어나고 있습니다. 겉으로 드러나지 않을 뿐 학부모 사이에서 발생하는 갈등도 함께 많아지고 있다고 보면 됩니다. 실제로 맘카페에 학부모 간 갈등을 어떻게 해결해야 하는지를 묻는 질문도 종종 올라옵니다.

Q. 소소하지만 자주 발생하는 학부모 사이의 갈등으로는 어떤 것이 있을까요?

A. 큰 문제는 아니지만, 약간의 미묘한 긴장감이 발생하
곤 합니다. 바로 남학생 자녀를 둔 학부모와 여학생
자녀를 둔 학부모 간의 갈등입니다. 남학생과 여학생
사이의 신경전이 어느 한쪽으로 기울지 않은 채 팽팽
한 편이죠.

Q. 어떤 신경전인가요?

A. 예를 들면 학급 현장 체험을 가기 전에 학부모 의견
수렴을 할 때 일어나는 일들입니다. 학부모들은 의견
수렴 알리미를 받으면 기한 내에 설문조사에 응해야
합니다. 이때 아이들이 주로 가고 싶은 곳에 대한 의
견을 받는데 남학생 학부모들은 남학생이 좋아하는
곳으로, 여학생 학부모들은 여학생들이 좋아하는 곳
으로 가겠다면서 사전에 서로 카톡 메시지를 공유하
기도 합니다. 그나마 소소한 신경전에 불과하지만 우
리 아이에게 직접적으로 관련되는 문제라면 심한 감
정 갈등을 유발하기도 합니다.

Q. 그런 사례들은 뭐가 있나요?

A.   주로 남학생 자녀를 둔 학부모와 여학생 자녀를 둔 학부모 간의 생각 차이에서 오는 갈등입니다. 예를 들어 남학생과 여학생 사이에 신체적 접촉이 있었다고 생각해보죠. 남학생 자녀를 둔 학부모는 "뭐 애들이 그 정도 장난도 좀 칠 수 있지"라고 생각하는 편입니다. 하지만 여학생 자녀를 둔 학부모 입장에서는 다릅니다. "그건 장난이 아니라 폭력입니다"라고 생각하죠.

   또 남학생은 집에 가서 본인이 장난친 것을 얘기하지 않습니다. 어쩌다 엄마가 알게 돼 상황을 물어봐도 앞뒤 정황 설명 없이 그냥 뛰다가 자기도 모르게 부딪혔다고 말하는 정도죠. 절대로 일부러 민 것은 아니라고 말합니다.

   하지만 여학생은 다릅니다. "걔가 하루에도 몇 번씩 놀리고, 밀치고, 사과도 안 하고 너무 짜증 난다"라고 구체적으로 말하면서 눈물을 글썽입니다. 세상에 하나밖에 없는 딸이 학교에서 온종일 남학생에게 치여서 힘들어한다고 생각하면 여학생 학부모 입장에서 결코 가볍게 넘길 수 없는 일이고 나쁜 감정이 한없이 차오를 겁니다.

Q. 학생들 사이에서 벌어진 문제를 어떻게 해결해야 하나요?

A. 남학생 학부모에게 직접 전화를 걸어 감정 섞인 목소리로 통화하기보다 일단 담임교사에게 전화를 걸어 학교에서 아이에게 일어난 일에 대해 확인을 하는 것이 더 좋습니다.

남학생 어머니에게 전화를 걸었다가 애들 사이에서 일어난 일을 가지고 괜히 민감하게 반응한다는 식의 답변을 듣게 되면 학부모 싸움으로 번질 수밖에 없습니다. 남학생 어머니는 우리 아이를 말썽꾸러기 문제아 취급하는 여학생 어머니로부터 아이를 보호해야 한다는 방어 기제를 사용하기 쉽습니다.

일단 학생 간의 갈등 상황을 담임교사에게 전한 후 담임교사의 시각에서 확인을 하도록 기다리는 것이 좋습니다. 그런 다음 아이들 간의 갈등과 피해를 조정하는 것이 좋습니다. 평소 학급에서 두 학생을 모두 관찰하고 있는 담임교사를 통해 사실관계를 확인한 후 두 아이에게 필요한 훈계가 이루어지도록 요청해야 학부모 갈등으로 이어지지 않습니다.

Q. 애들 싸움이 어른 싸움 된다니, 조심해야겠네요. 학부모 간 갈등
으로 또 다른 것들이 있나요?

A. 학부모 단체 활동 중에 감정이 상하기도 합니다. 학교
마다 약간씩 차이는 있지만 주로 학부모 명예 교사,
녹색어머니회, 급식 모니터링 등이 대표적인 학부모
활동입니다. 이런 활동을 하는 중에 단체 간 갈등이나
단체 내 구성원의 갈등으로 힘들어하는 학부모들이
있습니다.

Q. 학부모 단체들은 학부모가 선택해서 지원하는 거잖아요. 해당
활동에 관심이 있어서 지원했을 텐데, 왜 갈등이 생길까요?

A. 순수하게 해당 단체에 관심이 있어 가입하는 분도 있
는 반면, 학교 정보를 얻는 파이프라인을 새로 하나
만든다는 생각으로 일단 단체에 발부터 들여놓는 학
부모도 있습니다.

　　보통 학기 초에 학부모 단체 구성원이 어느 정도 모
이면 전달 사항을 효과적으로 전달하기 위해 단톡방
을 엽니다. 그때 학교 정보를 얻는 파이프라인을 만들
목적으로 참여한 학부모는 단톡방에서 학부모 단체

관련 내용보다 아이들에 대한 이야기에만 집중하고 소식을 전하는 모습을 보입니다.

가령 질문처럼 말하면서 확실하지 않은 소문을 전달하기도 합니다. "3학년에 확진 학생이 나왔다는데, 사실인가요?", "5학년 ○○○ 학생이 친구들을 자주 때린다는데 정말인가요?" 그럼 학부모 단체에 가입된 학부모들은 각자가 알고 있는 다른 학부모에게 바로 소문을 전달합니다. 그러다가 가끔씩 학부모 갈등이 빚어지곤 합니다.

결국 해당 단체는 원래 목적을 잃은 채 소문을 생성하고 전달하는 단체로 전락하고 맙니다. 정제되지 않고 사실이 아닌 말들로 인해 학부모 단체에서 진정성을 가지고 활동하려는 학부모들의 의지도 꺾어버리고 말죠.

Q. 어디서든 단체가 조직돼 사람들이 모이면 갈등이 생기는군요. 혹시 그 안에서 학부모 간에 왕따 같은 것도 있나요?

A. 말하기 조심스럽지만, 실제로 그런 경우가 있습니다. 학부모 총회에서 한 학부모가 가을 운동회를 작년보다 좀 더 다채롭게, 그리고 더 많은 활동과 경기를 계

획해 진행하면 좋겠다는 생각을 학교에 건의했습니다. 그런데 얼마 후 평소 친하다고 생각했던 다른 어머니들이 자신을 배제한 채 티타임을 가지기 시작했다고 합니다.

이유인즉, 가을 운동회를 확대하자고 학교에 말한 건의 내용이 화근이었습니다. 순전히 운동을 좋아하는 자기 아이를 위한 개인적인 의견이었다는 뒷소리와 함께요. 결국 자신과 친했던 학부모들이 자신을 배제한 채 학교 관련 정보를 공유한다는 것을 뒤늦게 알게 됐다고 합니다.

Q. **별일이 다 있네요. 선생님이 생각하기에 아이에게 영향을 주는 좀 더 심각한 상황은 어떤 경우인가요?**

A. 아이들 간에 폭력 상황이 발생한 경우입니다. 예를 들어 아이가 집에 돌아와 친구가 자신의 얼굴을 주먹으로 쳤다고 말하는 경우를 생각해보죠. 상대 아이의 엄마가 평소 알고 지내던 학부모라면 곧바로 전화를 할 겁니다. 그러고는 그쪽 아이가 우리 아이를 때렸으니 앞으로는 그러지 않도록 잘 좀 지도해달라고 부탁하

는 말을 건넵니다. 보통은 사과의 말이 돌아오는 게 정상이라고 생각하겠죠. 그런데 현실에선 사과보다는 자기 아이를 감싸는 말로 돌아오는 경우가 많습니다.

이때부터는 상황이 역전됩니다. 알고 보니 맞은 쪽 아이가 때린 쪽 아이를 평소 놀려서 그랬던 것이라고요. 더구나 맞은 쪽 아이가 다른 아이들까지 자주 놀려서 학급 아이들이 많이 힘들어하고 있다는 말도 더해집니다. 결국 싸움을 하지 않을 수 없는 상황을 자초한 것이니 되레 맞은 쪽 아이의 학부모에게 아이 단속을 해달라고 말을 건네죠. 이쯤 되면 학부모 사이에서 발생한 갈등은 해결이 어려운 단계로 접어들게 됩니다.

Q. 정말 난감한 상황이네요. 아이들의 갈등이 학부모의 갈등으로 번지기 전에 막으려면 어떻게 해야 할까요?

A. 아이가 학교에서 다른 아이 때문에 힘들었다는 이야기를 할 때, 특히 폭력 상황이 발생했을 때, 아이에게 이렇게 말하는 학부모들이 있습니다. "걱정 마, 엄마가 해결해줄게. 누가 감히 우리 아들한테, 우리 딸한

테 그런 행동을 해!" 어떻게 해서든 엄마와 아빠가 싸워서 이겨줄 테니까 걱정하지 말라는 뉘앙스의 표현은 아이의 부모 의존도를 높일 뿐입니다.

사실 학부모 사이에 일어나는 갈등은 아이가 학교에서 일어난 갈등 상황을 담임교사에게 바로 말하지 않고, 집에 가서 말할 때부터 시작됩니다. 엄마가 해결해준다는 말을 저학년 때부터 듣고 성장한 아이는 고학년이 돼서도 학교에서 갈등이 생기면 집에 갈 때까지 참고 있다가 엄마 앞에서 울먹이듯 토해냅니다. 그러면 여지없이 부모 간의 갈등을 유발하는 원인이 됩니다.

만약 우리 아이가 힘들다고 말하면 학부모가 모든 상황을 해결해주겠다고 말하기보다 선생님에게 이야기했는지를 먼저 물어보는 것이 좋습니다. 아이가 학급에서 잘못을 저질렀을 때 선생님에게 혼나고 피해를 입은 아이에게 사과하는 과정이 자연스럽게 이뤄지면 학부모 갈등의 상황을 현저히 줄일 수 있습니다.

Q. 학부모 사이에 일어날 갈등도 현명하게 대처하는 지혜가 필요하겠네요.

A. 학부모 사이에서 갈등이 시작되면 각자의 마음속에는 "내가 저 엄마를 어떻게 혼쭐을 낼 수 있을까" 하는 생각들이 꼬리에 꼬리를 물기 시작합니다. 그럴수록 우리 아이를 위한 교육과는 점점 더 거리가 멀어집니다. 어떤 학부모가 유달리 밉고 마음에 들지 않을 때는 시선을 잠깐 돌려 달리 생각하면 좋겠습니다. "내가 저 학부모에게 불편한 마음을 느끼는 이유는 뭘까?" 상대에 대한 불편함의 원인을 파고들 때 서로의 다름을 알게 됩니다. 물론 쉽지 않은 과정입니다. 하지만 우리 아이를 위해 지켜야 할 자녀 교육의 기본입니다.

참고한 도서

(가나다순)

1. 인지하기

샤를 보들레르 글, 앙리 마티스 그림,《악의 꽃》, 이효숙 역, 더스토리, 2021.

슬라보예 지젝, 러셀 그리그 외,《나의 타자》, 강수영 역, 인간사랑, 2018.

이영미,《마녀체력》, 남해의 봄날, 2018.

이진숙,《위대한 고독의 순간들》, 돌베개, 2021.

정민,《정민 선생이 들려주는 한시 이야기》, 보림, 2002.

제임스 홀리스,《내가 누군지도 모른 채 마흔이 되었다》, 김현철 역, 더퀘스트, 2018.

2. 내면 살피기

로버트 존슨,《당신의 그림자가 울고 있다》, 고혜경 역, 에코의 서재, 2007.

리드리히 니체,《차라투스트라는 이렇게 말했다》, 이진우 역, 휴머니스트, 2020.

아놀드 토인비,《토인비의 역사기행》, 송운하 역, 백암, 2004.

이반 이스쿠이에르두,《망각의 기술》, 김영선 역, 심심, 2017.

정도언,《프로이트의 의자》, 지와인, 2020.

조던 B. 피터슨,《의미의 지도》, 김진주 역, 앵글북스, 2021.

찰스 화이트필드,《엄마에게 사랑이 아닌 상처를 받은 너에게》, 김세영 역, 빌리버튼, 2021.

플라톤,《소크라테스의 변명·크리톤·파이돈·향연》, 박문재 역, 현대지성, 2019.

3. 직면하기

고선규,《여섯 밤의 애도》, 한겨레출판, 2021.

박권,《일어날 일은 일어난다》, 동아시아, 2021.

보후밀 흐라발,《너무 시끄러운 고독》, 이창실 역, 문학동네, 2016.

빈센트 반 고흐,《반 고흐, 영혼의 편지》, 신성림 편역, 위즈덤하우스, 2017.

수전 손택,《타인의 고통》, 이재원 역, 이후, 2004.

시라토리 하루히코,《니체와 함께 산책을》, 김윤경 역, 다산초당, 2021.

신기율,《은둔의 즐거움》, 웅진지식하우스, 2021.

썸머,《나는 왜 엄마가 힘들까》, 책과이음, 2021.

앤절라 더크워스,《그릿》, 김미정 역, 비즈니스북스, 2019.

에쿠니 가오리,《울 준비는 되어 있다》, 김난주 역, 소담출판사, 2004.

엘리자베스 퀴블러 로스, 데이비드 케슬러 공저,《상실수업》, 김소향 역, 2014.

임마누엘 칸트,《칸트의 역사철학》, 이한구 편역, 서광사, 2009.

장 샤를르 부슈,《악성 나르시시스트와 그 희생자들》, 권효정 역, 바다출판사, 2017.

장 자크 루소,《고독한 산책자의 몽상》, 문경자 역, 문학동네, 2016.

제이 셰티,《수도자처럼 생각하기》, 이지연 역, 다산초당, 2021.

한정주,《호, 조선 선비의 자존심》, 다산초당, 2015.

4. 마흔 공감 토크
실비 드 마튀이시윅스 글, 세바스티앙 디올로장 그림,《엄마를 화나게 하는 10가지 방법》, 이정주 역, 어린이작가정신, 2016.

인생 항로를 잃어버린 엄마들을 위한 단단한 마음 철학

마음이 흔들려서, 마흔인 걸 알았다

초판 1쇄 발행 2022년 08월 30일
초판 5쇄 발행 2023년 01월 02일

지은이 김선호

대표 장선희 **총괄** 이영철
책임편집 현미나 **기획편집** 이소정, 정시아, 한이슬
책임디자인 최아영 **디자인** 김효숙
마케팅 최의범, 임지윤, 강주영, 김현진, 이동희
경영관리 김유미

펴낸곳 서사원 **출판등록** 제2021-000194호
주소 서울시 영등포구 당산로 54길 11 상가 301호
전화 02-898-8778 **팩스** 02-6008-1673
이메일 cr@seosawon.com
블로그 blog.naver.com/seosawon
페이스북 www.facebook.com/seosawon
인스타그램 www.instagram.com/seosawon

ⓒ 김선호, 2022
ISBN 979-11-6822-091-1 03180

서사원은 독자 여러분의 책에 관한 아이디어와 원고 투고를 설레는 마음으로 기다리고 있습니다.
책으로 엮기를 원하는 아이디어가 있는 분은 이메일 cr@seosawon.com으로 간단한 개요와 취지,
연락처 등을 보내주세요. 고민을 멈추고 실행해 보세요. 꿈이 이루어집니다.